• *Colección El Puchero – 7*

Repostería sin gluten

100 recetas para celíacos y para no celíacos

MONTSE DEZA PÉREZ

ediciones
Lectio

Primera edición: septiembre del 2013

© Montse Deza Pérez

© de la edición:
9 Grupo Editorial
Lectio Ediciones
C/ Muntaner, 200, ático 8ª • 08036 Barcelona
Tel. 977 60 25 91 • 93 363 08 23
lectio@lectio.com • www.lectio.es

Diseño y composición: Imatge-9, SL

Impresión: Romanyà-Valls, SA

ISBN: 978-84-10588-81-3

DL T 835-2013

Índice

Agradecimientos

Este libro está dedicado a todas las personas que confiaron en mi primer trabajo, desde el momento en que sólo era un pequeño proyecto hasta comprándolo después.

También quiero dar las gracias a la Asociación de Celíacos de Madrid por contestar siempre a mis dudas y a la FACE por su ayuda.

A los investigadores sobre la celiaquía y enfermedades poco comunes, que nunca se os ve ni se os agradece lo suficiente.

A la casa Schär, como siempre, por su amabilidad desinteresada y sus apetitosas recetas, así como sus productos.

A Lectio Ediciones (a todo el equipo) por confiar desde el principio en el proyecto y darme otra oportunidad para hacer el segundo libro. No era una decisión fácil ya que los destinatarios del recetario son muy reducidos y comercialmente podía ser difícil.

Por supuesto a mi familia, amigos y conocidos que siempre me aconsejan. A mi abuela, allá donde estés… Cuando escribí este segundo libro todavía te tenía a mi lado y te hacía mucha ilusión tener una nieta "famosa".

A los celíacos, sin ellos no podríamos conocer bien la enfermedad ni crear recetas para ellos. A los celíacos de los foros y los blogs que inundan la red con sus geniales aportaciones. A los que visitan diariamente mi blog y me apoyan. A los celíacos de mi familia y conocidos por atreverse a probar nuevas recetas.

No me puedo olvidar de muchas marcas que han colaborado conmigo, tanto con recetas como con productos para mis presentaciones, que se convierten en dignas degustaciones: Proceli, Aserceli, Sant Dalmai, Natur Improver, Virginias, Gullón, Beiker, BiAglut, Foody, Adpan… y tantas otras que deberíamos dar a conocer por su buen trabajo a veces en la sombra.

También al resto de marcas que han colaborado en los concursos de mi blog (100recetasparaceliacosynoceliacos.blogspot.com) o del grupo en Facebook regalando productos a los participantes (Sant Dalmai, Heart Burger, Embutidos Ríos, Aserceli, Herboristería Majó de Rubí, Foody y Schär).

A mi madre y mi tía Manoli, especialmente, porque siempre están ahí dispuestas a ofrecerme sus mejores recetas y siempre liadas en la cocina probándolas... ¿Qué harían nuestros celíacos conocidos sin vosotras? Es un estrés continuo porque cada semana inventan algo nuevo, y siempre estamos rodeados de azúcar.

A mi padre y mi hermana, los primeros celíacos que conocí y que inspiraron mi primer libro, además de incitarme a entrar en este mundo y obtener más información para compartir y aprender.

A Pau por acompañarme en alguna de mis presentaciones y aportar sus sabios conocimientos en el campo educativo: "No será la última, Pau, habrá otras."

A los que asistís a las presentaciones, se os ve siempre muy interesados y siempre tenéis cosas que aportar. Gracias, porque en estas charlas aprendemos todos.

A las librerías o tiendas donde venden o hacen llegar información sobre mi libro, que son muchas y algunas muy conocidas. Algún día saldrá fuera de España... Argentina y Alemania nos reclaman.

A los que me habéis concedido las entrevistas para este segundo libro, las recetas, a los expertos que me dais la información, a los celíacos que siempre queréis aportar cosas nuevas.

A mi gente, la encargada de realizar las fantásticas fotos.

Gracias a todos.

Introducción

Después del éxito del primer recetario *100 recetas sin gluten para celíacos y no celíacos* les presentamos *Repostería sin gluten. 100 recetas para celíacos y no celíacos.* Al investigar en el campo del gluten (debido al libro y a los conocidos celíacos) hemos conocido a mucha gente con intolerancia, así como empresas que se dedican a la comercialización de productos para celíacos y hemos notado escasez de información a distintos niveles. Hablando con los de un lado y con los del otro decidimos que en este segundo libro íbamos a plasmar las opiniones de algunos de ellos referentes a la celiaquía. Creemos que es una forma útil de ofrecer consejos para otra gente que acabe de empezar su vida sin el gluten.

A raíz de estas conversaciones e informaciones que se daban en las presentaciones del primer recetario salieron pequeñas entrevistas sobre su vida diaria que hemos plasmado en este segundo libro. Así pues, el libro se convierte en algo más que una guía de recetas de cocina porque tiene este extra que puede resultar interesante tanto para el celíaco como para el que tiene una persona al lado que lo sea.

Para resolver dudas acerca de las intolerancias hicimos una pequeña entrevista a la Asociación de Celíacos de Madrid, que, como siempre, nos atendieron muy bien y la hemos plasmado con las otras para que el lector tenga opiniones de todos los expertos posibles. Aparte de que es bueno y conveniente tener varias opiniones médicas, también lo es la opinión del experto que te va a facilitar el alimento o que trabaja cada día investigando para los demás.

Por el hecho de trabajar en colegios durante años hemos podido ver y comprobar cómo se trabaja en los comedores los temas de alergias e intolerancia al gluten, así que hemos incluido un especial para niños con consejos e informaciones específicas para los más pequeños, aparte de recetas dulces que seguro que les encantarán y en las que quizás puedan colaborar.

La intolerancia al gluten suele pasar desapercibida por las formas tan distintas de manifestarse. Así pues, es bueno hacerse análisis de sangre anuales, sobre todo si hay antecedentes familiares. Incluso en época de crisis, más vale prevenir.

A veces esta intolerancia está camuflada por otro tipo de dolencia o enfermedad y no se llega a la conclusión de que uno puede ser celíaco; está comprobado por estudios.

Hay más de 70.000 celíacos no diagnosticados en España. Esto hace que no se tenga tanto en cuenta en la sanidad pública ni en la cultura social.

Cada vez es más normal sufrir algún tipo de alergia o intolerancia a uno o varios alimentos a causa de los diferentes ambientes climáticos y culturales que vamos atravesando a lo largo de nuestra vida.

En concreto, esta patología supone el 10% de las consultas anuales a los médicos.

Fuente: Montse Deza

Enfermedad celíaca

La celiaquía

La enfermedad celíaca es una intolerancia permanente al gluten que puede desencadenarse a cualquier edad en personas con predisposición genética. Se trata de un desorden inmunológico que se inicia en el intestino delgado, donde provoca atrofia de vellosidades intestinales o lesiones inflamatorias más leves, y que puede llegar a afectar a cualquier otro órgano del cuerpo. Está causada por la ingesta de gluten y afecta a 1 de cada 80-100 personas y al doble de mujeres que de varones.

A día de hoy, 6 de cada 7 celíacos están sin diagnosticar.

¿Qué es el gluten? El gluten es una proteína presente en los cereales, el trigo, la cebada, el centeno y la avena. También en variedades híbridas de estos cereales como el triticale, híbrido de trigo y centeno.

¿Cómo puede afectar? Cuando la enfermedad debuta en la edad pediátrica, suele hacerlo con manifestaciones clínicas preferentemente de tipo digestivo como diarreas, vómitos, dolor abdominal, distensión abdominal, malnutrición o retraso de crecimiento. Cuando se manifiesta en la adolescencia o la edad adulta pueden aparecer síntomas y signos digestivos que suelen ser leves como dispepsia, distensión abdominal, dolor abdominal, diarrea o estreñimiento, pero es más habitual que se presenten alteraciones analíticas (anemia ferropénica, hipertransaminasemia, déficit de vitaminas o hipoalbuminemia) y problemas óseos (osteoporosis, dolores óseos y articulares, fracturas). También se han descrito problemas ginecológicos como menarquia precoz, infertilidad y abortos de repetición y alteraciones neurológicas como cefaleas, ansiedad, trastorno bipolar, depresión, ataxia o neuropatía periférica. El retraso en el diagnóstico

favorece la aparición de otras patologías, sobre todo de tipo autoinmune como la diabetes tipo 1 o la tiroiditis autoinmune, pero también alguno de los problemas neurológicos y psiquiátricos mencionados. En casos graves puede derivar en linfomas y carcinomas digestivos.

Pruebas para la detención

El protocolo actual de diagnóstico de la enfermedad celíaca se apoya en tres tipos de pruebas: serológicas, histológicas y genéticas. Las pruebas serológicas detectan y cuantifican anticuerpos específicos en sangre, entre ellos los anticuerpos antitransglutaminasa tisular. Las pruebas histológicas tienen por objeto determinar el grado de lesión intestinal presente en el duodeno, debiendo especificar el porcentaje de linfocitos intraepiteliales y, en su caso, el grado de atrofia; las muestras se obtienen mediante endoscopia. Las pruebas genéticas se emplean para averiguar si el paciente posee las variantes genéticas de riesgo. En caso de no poseerlas es altamente improbable que tenga la enfermedad o que la vaya a desarrollar en el futuro, aunque un resultado positivo no implica ser celíaco.

Distintos grados de celiaquía

No existen grados de enfermedad como tal, pero la manera en que se manifiesta es muy variable desde el punto de vista clínico, serológico e histológico. El cuadro clínico puede consistir en síntomas y signos digestivos, extradigestivos o bien no mostrar síntomas. A nivel serológico, pueden estar elevados en sangre los niveles de uno o varios de los anticuerpos específicos o bien ser todos sus valores negativos. Y, a nivel intestinal, pueden observarse distintos grados de atrofia (lesión Marsh III), o bien lesiones más leves caracterizadas por un aumento de linfocitos intraepiteliales (lesión Marsh I).

La celiaquía en los comedores escolares

En la publicación *El niño celíaco en el colegio* los consejos que aparecen no son para los niños sino para los padres, profesores y personal del comedor (cocina, monitores, etc.). Nosotros no damos consejos directamente a los niños, pero sí los damos a los padres para que les eduquen en el seguimiento de la dieta sin gluten y la importancia que esto tiene para ellos en su futuro.

¿Se puede "curar" totalmente la celiaquía en algún momento de la vida si se sigue durante años la dieta?

La dieta sin gluten no cura la enfermedad, pero sí permite normalizar la situación de la persona gracias a la remisión de la sintomatología que estaba inducida por el gluten y a la reparación de la lesión intestinal. No obstante, la reintroducción del gluten en la alimentación vuelve a desencadenar los problemas derivados del gluten, aunque no siempre de forma inmediata.

Fuente: J. Ignacio Serrano, de la Asociación de Celíacos de Madrid (www.celiacosmardid.org)

Ayudas actuales para el celíaco

En la actualidad no existen ayudas económicas para personas celíacas por parte de la Administración. No obstante, algunas entidades públicas y privadas ofrecen ayudas a sus trabajadores en las condiciones aprobadas en los correspondientes convenios.

Ayudas desde la Asociación de Celíacos de Madrid

Las líneas básicas de actuación de la Asociación de Celíacos de Madrid aparecen en el tríptico que se encuentra en la web:

http://www.celíacosmadrid.org/que%20es%20la%20ec.pdf

Ayudas económicas

En España (2012):

Las ayudas económicas para la compra de productos especiales sin gluten en España no existen.

Sin embargo, en algunas comunidades autónomas sí se está concediendo algún tipo de ayuda, bien una ayuda económica o bien por medio de lotes de productos.

- Castilla-la Mancha: según la orden de la consejería de sanidad de 16/03/2007 del Diario Oficial de Castilla-la Mancha 86 (DOCM) todos los celíacos de dicha comunidad podrán acceder a la convocatoria de ayudas económicas por un importe de 300 euros anuales.

- Navarra: según la orden foral 197/2006, de 6 de septiembre, de la consejería de bienestar social, deporte y juventud se conceden ayudas a familias en cuyo ámbito existan uno o más enfermos celíacos. Se determinará el importe unitario de la ayuda en función de la cuantía del crédito presupuestario, del número de solicitudes y del número de enfermos celíacos por familia. La ayuda mensual por enfermo nunca podrá superar la cantidad de 90 euros mensuales.

- Comunidad de Valencia: se entregan lotes de productos para enfermos celíacos con escasos recursos económicos.

- Extremadura: también se entregan lotes de productos para enfermos celíacos con escasos recursos económicos.

Montse Deza Pérez

En Europa (2012):

En muchos países europeos los productos sin gluten están incluidos dentro del régimen de la Seguridad Social o se destina algún tipo de ayuda para que el celíaco pueda adquirirlos.

A través de familiares de los socios hemos sabido el tipo de ayuda que se recibe en sus países de residencia:

- Alemania: no existe ayuda estatal para la adquisición de productos especiales sin gluten.
- Bélgica: hasta los 21 años se percibe una ayuda económica.
- Dinamarca: hasta los 18 años los celíacos perciben 40 euros al mes. Entre los 18 y 65 años, 200 euros. A partir de 65 no se recibe ninguna ayuda.
- Finlandia: ayuda de 78,44 euros hasta los 16 años. A partir de esa edad, la cantidad desciende a 21 euros mensuales.
- Francia: la Seguridad Social otorga mensualmente 33,5 euros a los niños y 45,73 euros (máximo) a los adultos, justificándolo con las etiquetas de los productos especiales sin gluten, según un baremo del Ministerio de Sanidad.
- Holanda: existen 2 alternativas. Una es optar por una pequeña desgravación del IRPF y la otra opción es percibir una ayuda económica cada 2 meses.
- Italia: los celíacos perciben entre 45 y 94 euros mensuales entre los 6 meses y los 10 años. A partir de entonces, 140 euros mensuales a los hombres y 90 a las mujeres. Los productos sin gluten se distribuyen a través de farmacias, hospitales o centros dietéticos y se encuentran avalados por el Ministerio de Salud.
- Luxemburgo: la asociación facilita un documento al celíaco para que solicite la ayuda, que consiste en un reembolso de los gastos.
- Malta: la compra se realiza por prescripción médica a través de los servicios de farmacia de los centros de salud.
- Noruega: los menores de 3 años reciben 110 euros al mes. A partir de esa edad, 210 euros.
- Polonia: 10% de beneficios fiscales en la declaración del IRPF.
- Portugal: se conceden ayudas hasta los 24 años. El IVA de los productos sin gluten es del 5% y los gastos desgravan en la declaración de la renta.
- Reino Unido: la compra de los alimentos especiales sin gluten se realiza por prescripción médica. Son gratuitos hasta los 16 años y a partir de los

65. Entre los 16 y 65 años hay que pagar un suplemento de 25 libras al año por todos los productos prescritos.

- Suecia: hasta los 16 años los alimentos sin gluten son gratuitos. Dependiendo de las regiones los productos deben comprarse en farmacias.
- Suiza: hasta los 20 años de edad, la Seguridad Social se hace cargo del coste de los alimentos especiales sin gluten para los celíacos. A partir de esa edad reciben una asignación fija anual.

Consejos para una vida sin gluten

1. No debe iniciarse una dieta sin gluten sin haberse realizado previamente una biopsia intestinal que demuestre la intolerancia al mismo, por la alteración de la mucosa. La prescripción de esta dieta sólo porque hay sospecha de intolerancia a esta proteína o por resultado positivo en la prueba de anticuerpos específicos sin haberse realizado una biopsia intestinal que lo confirme puede ser un error que lo único que se consiga es retrasar o enmascarar el diagnóstico de una posible enfermedad celíaca.

2. La dieta debe seguirse estrictamente durante toda la vida. La ingestión de pequeñas cantidades de gluten puede producir lesión de las vellosidades intestinales, aunque no siempre estas lesiones tienen que ir acompañadas de síntomas clínicos.

3. Se eliminará de la dieta cualquier producto que lleve como ingrediente trigo, avena, cebada, centeno, espelta, kamut, triticale o productos derivados (almidón, harina, panes, pastas alimenticias, etc.).

4. El celíaco puede tomar todo tipo de alimentos que no contengan gluten en su origen: carnes, pescados, huevos, leche, cereales sin gluten (arroz y maíz), legumbres, tubérculos, frutas, verduras, hortalizas, grasa comestibles y azúcar.

5. El consumo de productos manufacturados conlleva asumir riesgos potenciales. Hoy en día la lectura de la etiqueta del producto en el momento de la compra no es una medida del todo segura porque, aunque la legislación vigente obliga a especificar el origen botánico de las harinas, almidones, féculas, sémolas y cualquier otro derivado de los cereales trigo, avena, centeno y triticale utilizados, puede llevar a confusión. Es conveniente leer siempre la etiqueta del producto que se compra, aunque siempre sea el mismo.

6. Al adquirir productos elaborados o envasados debe comprobarse siempre la relación de ingredientes que figura en la etiqueta. Si en dicha relación aparece cualquier término de los que se citan a continuación, sin indicar la planta de procedencia, debe rechazarse el producto, salvo

que figure como permitido en la última edición de la lista de alimentos aptos para celíacos que periódicamente actualiza la FACE.

7. La relación de ingredientes que suele aparecer en el etiquetado de productos alimenticios que contienen o pueden contener gluten son: gluten, cereales, harina, almidones modificados (E-1404, E-1410, E-1412, E-1413, E-1414, E-1420, E-1422, E1440, E-1442, E-1450), amiláceos, fécula, fibra, espesantes, sémola, proteína, proteína vegetal, hidrolizado de proteína, malta, extracto de malta, levadura, extracto de levadura, especias y aromas.

8. Como norma general, deben eliminarse de la dieta todos los productos a granel, los elaborados artesanalmente y los que no estén etiquetados donde no se pueda comprobar el listado de ingredientes.

9. Se ha de tener precaución con la manipulación de alimentos en bares y restaurantes (tortillas de patata que pueden llevar levadura, patatas fritas hechas en freidoras que se utilizan también para freír croquetas o empanadillas, salsas ligadas con harina, rebozados, purés o cremas de verdura naturales a los que se añaden "picatostes" de pan de trigo, etc.). E igualmente en comedores escolares. Por ejemplo, si un primer plato consiste en cocido de alubias con embutido, no es una medida segura retirar el embutido y servir la alubia al celíaco ya que si el embutido llevara gluten, quedaría en la salsa. Consúltese la forma de elaboración e ingredientes en cada plato antes de consumirlos.

10. Se evitará freír alimentos sin gluten en aceites donde previamente se hayan frito productos con gluten.

11. Precaución con las harinas de maíz, arroz, etc. de venta en panaderías o supermercados sin certificar la ausencia de gluten. Pueden estar contaminadas si su molienda se ha realizado en molinos que también muelen otros cereales como el trigo o la avena.

12. En aquellas casas en las que hay un celíaco se recomienda eliminar las harinas de trigo y el pan rallado normal y utilizar en su lugar harinas y pan rallado sin gluten o copos de puré de patata para rebozar, empanar o espesar salsas. De esta forma, muchos de los alimentos que se preparen los pueden tomar toda la familia, incluido el celíaco. Se debe tener precaución con los alimentos importados. Un mismo fabricante puede emplear, según las distintas normativas de los países, distintos ingredientes para un producto que se comercializa bajo la misma marca comercial.

13. Ante la duda de si un producto contiene gluten mejor que no lo consuma.

FUENTE: FACE (www.celiacos.org)

Entrevistas sobre la enfermedad celíaca a gente que la vive día a día

Cristina Deza – Rubí (Barcelona)

¿Cómo te distes cuenta de que eras celíaca?

Porque tenía dolores fuertes de cabeza, ojos blancos, falta de hierro, cambios agresivos en la menstruación, pérdida de peso, cansancio… Me hicieron un análisis de sangre y a las 3 horas me ingresaron de urgencia para ponerme 4 bolsas de sangre y seguir realizando pruebas durante dos semanas más hasta que al final nos dijeron que podía ser hereditario y de ahí nos dimos cuenta todos…

¿A qué edad te la diagnosticaron?

A los 18 años.

¿Qué opinas de la información que hay actualmente sobre el tema?

La experiencia diaria y las informaciones de la gente, los blogs, la red, los foros y la vida misma te dan la información necesaria que es la que falta en muchos sitios, incluso algunos médicos no saben cómo actuar frente a una celiaquía.

Pablo Deza Pérez – Rubí

¿Qué edad tienes?

60 años. Me diagnosticaron celiaquía a los 52 años, después de muchos meses con alteraciones de salud sin motivo aparente. Después del tiempo te vas dando cuenta de por qué tenías tantas alteraciones y complicaciones de pequeño. Nadie me lo descubrió antes… me podía haber ahorrado muchos malestares.

¿Qué síntomas tenías para que te diagnosticaran esta intolerancia?

Pérdida de peso, alteraciones en el hígado, problemas en el estómago…

¿Cómo lo haces para ir al extranjero y poder comer normalmente?

Suelo llevar alimentos sin gluten en la maleta y en restaurantes pido platos que, por naturaleza, no contengan gluten aunque no siempre es así. Hay que dominar un poco el idioma del país de destino para poder asegurarte, sobre todo en locales de comida.

¿Cuál es tu plato preferido sin gluten? ¿Y tus productos sin gluten estrella?

La paella, la sopa y las pastas sin gluten, así como los postres y las tartas, sobre todo caseros.

Pepi Hidalgo – Rubí

¿Te has acostumbrado a llevar una dieta estricta sin gluten?
No, es difícil.

¿Qué síntomas tenías para que te diagnosticaran la enfermedad?
Molestias de esófago, inflamación después de comer pasta, tenía malestar y diarreas esporádicas.

¿Qué alimento casero te gusta más? ¿Y otro precocinado de tienda?
De comida casera, me gustan los espaguetis con salsa boloñesa; y de preparada, las pizzas de la marca Hacendado.

¿Crees que falta más información sobre la celiaquía tanto en medios de comunicación como en centros médicos? ¿Los médicos están bien formados en este tema en concreto?
Sí hace falta más información en todo tipo de centros sanitarios y no sanitarios (hoteles, restaurantes, etc.). En relación con los médicos, no están bien informados…

Míriam Herrería – Rubí

¿Te cuesta mucho salir fuera de casa a comer?
Desde que me diagnosticaron la celiaquía, hace más de cinco años, la verdad es que las cosas han cambiado mucho en lo que al tema de comer fuera de casa se refiere. Para mí, lo difícil de comer fuera es que en el sitio donde vayas no sepan qué es la dieta sin gluten porque entonces tienes que explicarlo, y les causas molestias porque tienen que cocinar diferente. Pero actualmente en casi todos los sitios conocen el problema y te ponen facilidades a la hora de pedir. Cuando me lo diagnosticaron en casi ningún sitio la conocían, ahora por suerte sí.

¿Te parece cara o muy cara la comida sin gluten tanto en restaurantes como en supermercados y sitios especiales, tú que eres joven y debes salir a menudo?
Sí, la verdad es que sí. Me parece excesivamente caro el precio de los alimentos para celíacos. Para nosotros realizar la dieta sin gluten es nuestro "medicamento" para ponernos bien, no es algo que nos apetezca para comer sano, porque lo necesitamos para estar bien.

Además, con la situación económica que tienen la mayoría de familias ahora imagino lo difícil que tiene que ser que haya más de una persona celíaca en una misma casa.

En algunas comunidades autónomas tengo entendido que dan ayudas; aquí en Cataluña, no. Por suerte en supermercados como Mercadona podemos comprar muchos alimentos a precio normal que son aptos para celíacos porque si tuviéramos que comprarlos todos de marcas especiales sería muy difícil económicamente hablando.

¿Eres de alguna asociación? ¿En qué ayudan?

Sí, pertenezco a la SMAP. Lo que más destaco es el libro de alimentos aptos que envían. Sobre todo hace unos años el etiquetado de productos sin gluten no era tan claro como ahora y es algo esencial para nosotros, bueno, y para cualquier alérgico a cualquier producto.

María José Benítez Arévalo – Sabadell

¿Qué opinas sobre las ayudas para los celíacos?

Mi opinión es que las ayudas a los celíacos son todavía escasas y que se tendría que hablar más del tema y solicitar leyes nuevas para que los celíacos estemos en igualdad de condiciones que los no celíacos.

¿Sueles visitar blogs sobre celiaquía para obtener información actualizada que no se encuentra en otro sitio?

Sí, ya que tener una información actualizada nos ayuda mucho a la hora de tomar decisiones. Desde que me diagnosticaron que era celíaca, prácticamente el 100% de la comida que se come ahora en mi casa es apta para celíacos y la familia ni se queja, ya que los sabores prácticamente no cambian, no son tan apreciables como se suele pensar.

Carmen Santiago (Storch) – Madrid

Directora de agencia (www.destinos-singluten.com)

Celíaco es mi hijo que tiene ahora 4 años y se lo diagnosticaron con 18 meses.

Fue el caso típico de foto de libro: pérdida de peso, diarrea, vientre exageradamente hinchado, pérdida de pelo, cambios de humor, apatía…

A pesar de que el pequeño es el celíaco, de momento (su padre sigue actualmente también la dieta, como posible celíaco, así que a lo peor son dos en casa), nos afecta a todos a la hora de cocinar, de comer, de salir y de viajar (por eso nació Destinos Sin Gluten). En el colegio no tienen comedor, motivo por el cual siempre come en casa.

Los cumpleaños de sus compañeros de clase siempre son con productos sin gluten porque las mamás decidieron que fueran todos iguales para evitar problemas, con lo que les estoy muy agradecida por acordarse de mi hijo.

Cuando hay premios, caramelos y demás siempre me preguntan si son aptos. Y cuando hay algo extra como el chocolate lo compran apto, menos los churros que se los llevo de casa.

¿Cómo surgió la idea de tu fantástico blog de recetas sin gluten?

La idea del blog surgió como idea para recopilar todas las recetas que iba apuntando en un cuaderno, y todavía más ahora que había empezado a aprender a cocinar sin gluten y a experimentar.

Se nos ocurrió que poniendo un blog podríamos ayudar aunque fuese un poquito a quien nos quisiese leer y, de paso, difundir el tema de la celiaquía.

L'emadelheine, panadería sin gluten – Ibi (Alicante)

¿Desde cuándo eres celíaca?

Bueno, yo no soy celíaca pero mi madre lo es desde que tenía 10 años, más o menos, aunque antiguamente no se detectaba, simplemente te cambiaban los hábitos de comer, así que las pruebas se las hizo bastantes años después pero podemos decir que es celíaca desde que nació. En referencia a mi hermana, es celíaca desde hace 8 años.

En la panadería que tienes en Ibi, ¿ya vendíais comida sin gluten o ha sido al enterarte de la enfermedad? ¿Qué vendéis y qué medidas tomáis para seguir la normativa?

La panadería nació con el fin de poder facilitar al colectivo celíaco la compra de productos artesanos con elaboración propia y apartar los alimentos industriales ya que no son de muy buena calidad, dicho por los propios clientes. Así pues, montamos la panadería con la ilusión de poder ofrecer una ayuda y un apoyo a este colectivo que está tan abandonado.

En realidad vendemos de todo: pan, pasta, dulces, salados… Lo que más gusta, sobre todo por la presentación, son nuestras tartas fondant, tartas de origen americano hechas de bizcocho y rellenas con cremas de unos sabores realmente exquisitos y creo que somos los únicos que realizamos este tipo de tartas en España para celíacos. También elaboramos *cupcakes* que, al igual que las tartas fondant, son de origen americano y gustan mucho tanto al colectivo celíaco como a los que no pertenecen a él. En definitiva, creo que no podemos quedarnos con un producto principal ya que vendemos un poco de todo.

¿Pertenecéis a alguna asociación?

Nosotras pertenecemos a la Asociación de Celíacos de la Comunidad Valenciana (Acecova). Para poder entrar en esta asociación tuvimos que realizar analíticas de todos los productos que utilizamos ya que, aunque estuvieran exentos de gluten, nos pedían una ficha en la que estuviera indicado. Estas analíticas, una vez realizadas por un laboratorio especializado en el tema, nos fueron remitidas y a su vez nosotras las remitimos a la Asociación. También tuvimos que realizar unas fichas de cada uno de los productos que elaboramos con los ingredientes que utilizamos para cada uno. Todo esto se envió a la Asociación y nos dieron el visto bueno. De todas formas nuestra venta no cambió por pertenecer a la Asociación. Nosotras pensábamos que iba a ser algo favorable para nuestra empresa pero la realidad ha sido otra.

También Sanidad realiza su respectiva visita como lo hace a cualquier establecimiento de alimentación.

Por lo demás somos un horno que solamente utilizamos harina de maíz, chocolates sin gluten, etc. No tocamos otra harina o productos que puedan contaminar nuestro obrador, así que en cuestión de seguridad estamos muy satisfechas.

¿Mucha gente compra productos artesanales y frescos sin gluten?

El tema de las compras… bueno, sobre este tema hay que decir varias cosas: nosotras, aparte de vender en nuestra tienda-obrador, también hacemos envíos tanto provinciales como nacionales. A la gente le gusta mucho el producto fresco, recién horneado, ¿a quién no le gusta un alimento que acaba de ser elaborado?… Así que a esa pregunta te diré que la gente sí compra productos frescos, ahora bien, si nos preguntamos "mucha gente" tenemos que decir que hoy en día los celíacos cocinan mucho en casa, supongo que será por varios factores; porque el producto es más caro que el que se pueda vender en una panadería de trigo, por la situación económica de hoy en día o porque simplemente les encanta. Con esto no podemos competir los establecimientos pero ya que nos haces esta pregunta nos gustaría decir que hay una parte del colectivo (no sé el porcentaje realmente) que se queja de que no hay suficientes lugares para comer o comprar pero realmente sí los hay. La realidad es que compran muy pocos.

¿Qué medidas de seguridad tenéis?

Sanidad realiza su respectiva visita como lo hace a cualquier establecimiento de alimentación (http://www.lemadelheine.es).

Pilar Sánchez López – Santpedor

Háblame de tu hija…

Tiene 12 años. Le descubrieron la celiaquía con 18 meses, fue un caso típico de diarreas, apatía, pérdida de peso, panza…

Su vida diaria es normal, come en casa cada día.

En el colegio, si algún día se tiene que quedar a comer y toca pasta, ella tiene pasta sin gluten, pero no tiene pan, ni rebozados y sus postres son siempre fruta o yogur blanco.

Herbolario Joan Anton Brustenga – Rubí

¿Desde cuándo vendes productos sin gluten en tu herboristería?

Desde 1989 apostamos por productos sin gluten, pero la demanda y la oferta no eran la de hoy en día.

Montse Deza Pérez

¿Qué marcas vendes? ¿Qué productos te piden más?

En un principio la más vendida en nuestra herboristería es la marca Schär con diferencia y le siguen varios: Proceli, Aseceli, Singlu, Adpan, Noglut, Santiveri, BiAglut y Virginias. Acostumbramos a tener de todo, pero los más demandados son el *pan carré*, el *pan bon matin* y los churros congelados.

¿Tienes muchos clientes celíacos fieles?

Sí, porque hacemos un esfuerzo económico y tenemos una tarjeta de cliente con un 12% de descuento. Además, el sábado es el día oficial del cliente y llegamos al 15% de descuento. También tenemos una gran variedad de productos.

Creo que también pueden pedirte por encargo, ¿verdad?

Sí. Además si nos traen la bolsita de cualquier producto lo buscamos en todas partes hasta encontrarlo.

La gente te debe de comentar muchas cosas sobre el mundo de la celiaquía, ¿qué es lo que a la gente más le molesta de la enfermedad?

En general, se quejan del precio de los productos.

Panadería José M. García – Alicante

¿En qué trabajas?

Nos dedicamos a la elaboración artesanal de productos artesanos sin gluten. Hace ya más de 30 años que mi padre, José M. García, fue el pionero en la elaboración sin gluten y nosotros seguimos la tradición familiar. Hace 14 años que empezamos Javier García y Vanesa.

¿Eres de alguna asociación?

Pertenecemos y estamos controlados por Acecova, somos sus patrocinadores oficiales en la sede de Biar y Vega Baja.

¿Vendéis muchos productos sin gluten?

Sí, vendemos bastantes ya que servimos por toda España, Portugal y Baleares.

¿Hay muchos celíacos?

Sí claro que los hay, por ejemplo, en la Comunidad Valenciana ya hay más de 3.000 diagnosticados.

¿Qué productos os piden más?

Todos. Vendemos muchos productos que elaboramos. Tenemos más de 100 productos pero nuestras tartas, pan y pastas, magdalenas y los productos típicos para las fiestas se demandan una barbaridad.

Cuéntame un poco tu trabajo en Acecova...

Somos sus colaboradores oficiales en las sedes de Alicante y Biar y Vega Baja. Trabajamos con ellos en todos los actos, especialmente, el día del celíaco. Somos los que gratuitamente llevamos la comida para los más de 300 asistentes cada año... (http://www.panaderiajmgarcia.com – http://www.acecova.org).

Recetas

Pannacotta de frutas rojas

Ingredientes

500 cc de nata líquida
8 fresas
30 g de gelatina neutra
50 g de azúcar
1 vaina de vainilla
Agua (cantidad necesaria)
Menta fresca (opcional)

Para la salsa

100 g de frutas rojas
50 g de azúcar glas
Chocolate (opcional para decorar)

Preparación

Ponemos en un recipiente la nata a fuego bajo. Agregamos el azúcar y la vainilla (las semillas), y lo revolvemos durante unos minutos hasta que comience a hervir.

Lo retiramos del fuego y agregamos la gelatina previamente hidratada. Lo volvemos a colocar al fuego y lo revolvemos hasta disolver los grumos.

Lo retiramos del fuego. Llenamos los moldes y los llevamos a la nevera durante 15 minutos.

Colocamos una fresa en el centro de cada uno y los llevamos nuevamente a la nevera durante 40 minutos más.

En cuanto a la salsa, procesamos las frutas rojas con el azúcar glas hasta que obtenemos una salsa homogénea.

Desmoldamos en un plato cada molde y los servimos con la salsa encima. Los decoramos con chocolate y menta fresca.

Receta recogida por FACE.

Deliciosa copa de crema y chocolate

Ingredientes

1 yema de huevo
1 cucharadita de azúcar
125 g de *mascarpone*
4 cucharadas o 150 ml de nata para montar
Nutella o crema de avellanas sin gluten
3 galletas sin gluten al gusto
3 onzas de chocolate negro

Preparación

Primero tenemos que montar bien la nata.

Después batiremos la yema de huevo con el azúcar hasta que obtenemos una crema (tipo pomada).

Habrá que continuar batiendo y añadir poco a poco el *mascarpone* para que no se formen grumos. Vamos incorporando la nata poco a poco y la mezclamos con la crema anterior.

Hacemos pedacitos las galletas y vamos rellenando las copas (hondas, de tipo cóctel). Al mismo tiempo embadurnaremos las paredes interiores de la copa con la Nutella o un sirope apto de chocolate o caramelo. También cubriremos con el líquido un poco las galletas para que tomen sabor y se ablanden. Seguimos rellenando el resto de la copa con el *mascarpone*.

Rallamos el chocolate y lo espolvoreamos por encima de la mezcla final. Dejamos enfriar las copas en el frigorífico al menos dos horas antes de servir.

Se trata de un postre fresquito, ideal para el verano.

Rosquillas de santo

Ingredientes

200 g de harina fina de maíz
180 g de azúcar
1 huevo
80 ml de aceite de oliva
85 ml de leche
½ sobre de levadura deshidratada
Ralladura de limón
1 cucharadita de canela molida (envasada, no a granel)
Abundante aceite para freír

Preparación

Ponemos en un bol el huevo y lo batimos junto con el aceite y la leche hasta que quede todo bien mezclado.

Agregamos el azúcar, la canela molida, la ralladura de limón y la levadura.

Por último, añadimos la harina poco a poco y lo amasamos todo hasta lograr una pasta fina y homogénea.

Damos forma a las rosquillas.

Las freímos en abundante aceite de oliva caliente, las dejamos escurrir sobre papel de cocina absorbente y, una vez escurridas y aún calientes, las espolvoreamos con azúcar.

Receta recogida por FACE.

Espumado de chocolate

Ingredientes

8 barritas de chocolate (rallado)
4 cucharadas de café soluble
6 cucharadas de agua caliente
5 huevos

Preparación

Mezclamos el chocolate con el café y el agua.
Batimos las yemas y las incorporamos al chocolate.
Lo cocinamos a fuego muy lento, revolviendo continuamente hasta que espese evitando que hierva.
Lo retiramos del fuego y añadimos las claras batidas a punto de nieve.
Lo disponemos en copas individuales. Se sirve bien frío.

Nota

Se puede servir decorado con unos pistachos picados por encima.

Quesada gallega

Ingredientes

Azúcar glas para decorar (al gusto)
Canela en polvo (si gusta)
5 huevos
200 g de azúcar
900 g de requesón
Un poco de miel

Preparación

Aplastamos el requesón entero y lo mezclamos suavemente con el azúcar. Batimos los huevos y añadimos la canela que se desee.

Se juntan las dos mezclas y se remueve bien hasta que quede homogéneo.

Se prepara un molde para el horno. Lo horneamos durante 1 hora a 200 ºC mientras lo vamos vigilando.

Lo sacamos del horno. Se reserva.

Lo servimos frío y decorado con azúcar glas y un poco de canela. También se pueden añadir unos chorritos de miel a los trozos individuales en vez de la decoración del azúcar.

Tarta de San Marcos

Ingredientes para el bizcocho

3 huevos
50 g de harina de repostería
50 g de harina fina de maíz maicena
65 g de azúcar
½ cucharadita de levadura en polvo
3 gotas de zumo de limón

Preparación

Separamos las claras de las yemas y las montamos a punto de nieve con la mitad del azúcar y el zumo de limón.

Montamos las yemas con el resto del azúcar y luego las mezclamos con movimientos envolventes ayudándose de una "lengua" o similar.

Juntamos las dos harinas y la levadura. Las tamizamos dos veces y las incorporamos poco a poco a la mezcla anterior.

Ponemos el preparado en la bandeja del horno (previamente forrada con papel de hornear).

Lo horneamos a 180 ºC durante unos 10 ó 12 minutos.

Lo dejamos enfriar y lo cortamos en 3 rectángulos. Lo reservamos.

Ingredientes para la nata montada

250 ml de nata para montar
4 cucharadas de azúcar glas

Preparación

Montamos la nata y luego añadimos el azúcar glas poco a poco sin dejar de batir con las varillas eléctricas. Lo reservamos en la nevera.

Ingredientes para la *mousse* de chocolate

100 g de chocolate al 70% de cacao
50 g de mantequilla a punto de pomada

Montse Deza Pérez

2 huevos
60 g de azúcar
30 ml o 4 cucharadas de ron añejo
1 cucharadita de café instantáneo
1 hoja de gelatina

Preparación

Se separan las claras de las yemas. Montamos las claras a punto de nieve y las reservamos. Fundimos el chocolate. Batimos la mantequilla junto con el azúcar. Añadimos las yemas una a una hasta que estén bien mezcladas (mejor con varillas eléctricas). A continuación añadimos el chocolate fundido.

En un cazo aparte calentamos un poco el ron, hidratamos la gelatina en agua fría, la escurrimos y la ponemos en el ron hasta que se disuelva. Añadimos al ron y a la gelatina una cucharada de café instantáneo. Unimos los dos preparados. Una vez que esté frío todo el preparado añadimos las claras a punto de nieve. Lo guardamos en la nevera para que cuaje. Mientras se enfría la *mousse* de chocolate, se prepara la cobertura de yema.

Ingredientes para la cobertura de yema

2 yemas
60 g de azúcar
30 ml de agua

Preparación

Ponemos las 2 yemas en un cazo. En otro cazo a fuego lento ponemos durante 5 ó 6 minutos el agua y el azúcar. Lo dejamos enfriar un poco.

Vertemos el agua con el azúcar sobre las yemas y lo espesamos a fuego lento removiendo sin parar con unas varillas.

Montaje de la tarta

Ponemos una base de bizcocho. Le añadimos la *mousse* de chocolate que hemos preparado anteriormente, ponemos una segunda base de bizcocho, añadimos la nata montada, ponemos la tercera base de bizcocho y cubrimos la parte superior con la cobertura de yema. Se puede adornar con unos hilos de chocolate fundido por encima o bien cubrimos la yema con azúcar y la quemamos.

Receta recogida por Manuela Hidalgo Vico.

Tarta de *sara*

Ingredientes para el bizcocho

6 huevos
100 g de harina de repostería
100 g de harina fina de maíz (maicena)
125 g de azúcar
1 cucharadita de levadura en polvo
5 gotas de zumo de limón

Preparación

Separamos las claras de las yemas y las montamos a punto de nieve con la mitad del azúcar y el zumo de limón. Montamos las yemas con el resto del azúcar y luego las mezclamos con movimientos envolventes ayudándonos de una "lengua" o similar.

Juntamos las 2 harinas y la levadura. Las tamizamos dos veces y las incorporamos poco a poco a la mezcla anterior. Vertemos el contenido en 2 moldes de 25 cm de diámetro por 2 cm de alto y lo ponemos en el horno a 180 ºC durante unos 10 ó 12 minutos o hasta que esté dorado.

Lo enfriamos y recortamos los bordes para que quede bien redondo.

Ingredientes para el relleno

250 g de almendras fileteadas
Cerezas confitadas
250 g de mantequilla sin sal
150 g de azúcar
2 huevos y 3 yemas
3 cucharadas de ron añejo
4 cucharadas de agua

Preparación

Ponemos en la fuente del horno las almendras y las tostamos ligeramente. Lo dejamos enfriar. En un cazo ponemos el agua y el azúcar hasta que llegue a la ebullición. Lo hervimos unos 4 ó 5 minutos (no tiene que coger color, tiene que quedar un almíbar ligero).

Ponemos la mantequilla en un cuenco que esté templado. La batimos hasta que quede bien blanda.

Ponemos en una cazuela los huevos y las yemas, lo batimos todo con varillas eléctricas y le vamos añadiendo el almíbar poco a poco.

Luego ponemos la cazuela al baño maría y lo batimos durante 5 ó 6 minutos hasta que quede como una crema.

Lo sacamos del fuego y vamos incorporando esta crema a la mantequilla cucharada a cucharada.

Una vez esté toda incorporada ponemos el ron que previamente hemos quemado para quitarle el alcohol.

Montaje de la tarta

Ponemos una base de bizcocho invertida (la parte de abajo boca arriba). Ponemos una capa de crema de mantequilla, también la otra base de biz-cocho de la misma manera y cubrimos con crema tanto la superficie como los laterales de la tarta.

Colocamos las almendras por todo el pastel, incluso en los laterales.

Lo adornamos con unos rosetones de crema de mantequilla y cerezas confitadas.

Receta recogida por Manuela Hidalgo Vico.

Plátanos en gelatina

Ingredientes

4 plátanos
½ l de agua caliente
20 g de gelatina en polvo (del gusto que se prefiera)
150 g de azúcar

Preparación

Remojamos la gelatina en un poquito de agua fría.
La disolvemos con el agua caliente.
Añadimos el azúcar.
Humedecemos un molde con agua y vertemos un poco de gelatina.
Lo dejamos enfriar sin que se congele.
Pelamos los plátanos y los cortamos en rodajas.
Colocamos sobre la gelatina una capa de plátanos, sobre estos un poco más de gelatina, luego plátanos y continuamos así sucesivamente hasta finalizar la preparación.
Lo dejamos en la heladera hasta que esté bien consistente.

Peras con chocolate

Ingredientes

4 peras
2 naranjas pequeñas
175 g de azúcar
1 cucharada de almendras picadas
Chocolate líquido para decorar
100 ml de agua (para hervir las peras 5 minutos)

Preparación

Exprimimos las naranjas reservando su zumo y extraemos la parte exterior (reservamos el rabito) de la piel reservándola para trabajarla luego.

Mezclamos el zumo de naranja con el azúcar y un vaso de agua. Hervimos la mezcla durante unos 10 minutos.

Pelamos las peras, las partimos por la mitad y vaciamos las semillas del centro. Ponemos las peras en una cazuela con la piel de naranja y el jarabe elaborado anteriormente. Lo dejamos cocer durante unos 5 minutos más o menos y lo dejamos enfriar en el mismo líquido.

Las rociamos con la mitad del jarabe y las horneamos durante unos 15 minutos.

Al servirlas las colocamos con unas almendras y encima de ellas chocolate líquido en hilos.

Nota

Se puede servir también decorado con pistacho picado sobre las peras y el chocolate o incluso con la ralladura de la naranja sobre la salsa de chocolate. Se puede servir también acompañado con una bolita de helado.

Torrijas con miel

Ingredientes

Rebanadas de pan sin gluten del día anterior (según la cantidad deseada y los comensales)
Leche fresca
Canela en rama
1 huevo
Azúcar
Ralladura de limón

Preparación

Calentamos la leche con canela y bañamos el pan.

Dejamos escurrir el exceso sobre alguna bandeja.

Pasamos cada rebanada de pan por un huevo previamente batido.

Las freímos en abundante aceite caliente.

Las reservamos poniendo debajo del pan una servilleta de papel para que absorba el aceite sobrante.

Las adornamos con canela y azúcar al gusto.

Una opción que tenemos es la de untar las rebanadas con miel, valiéndonos de una brocha pequeña o bien bañando las rebanadas en azúcar.

Montse Deza Pérez

Copa de chocolate y café

Ingredientes

20 g de cobertura de chocolate
375 ml de leche
100 g de azúcar
2 hojas de gelatina
100 ml de nata
30 g de café molido
4 yemas de huevo

Preparación

Calentamos la leche y cuando hierva añadimos el chocolate hasta que se deshaga por completo.

Vamos añadiendo la gelatina lentamente.

Montamos las claras de huevo con el azúcar y cuando estén al punto añadimos la mezcla anterior.

Repartimos la mezcla en copas y las reservamos en un lugar fresco.

Montamos la nata y añadimos el café. Luego la pasamos a una manga pastelera para decorar las copas.

Nota

También se pueden decorar con alguna hoja de menta y frutos silvestres.

Pastel de galletas al café

Ingredientes

¼ de taza de licor de café
2 tazas y ¼ de nata para montar
200 g de galletas sin gluten
Cacao en polvo para decorar

Preparación

Cubrimos un molde rectangular o cuadrado con film transparente de manera que los bordes queden sueltos. En un cuenco ponemos el licor de café.

Batimos 1 taza y ¼ de nata hasta que esté a punto de nieve.

Humedecemos las galletas con ayuda de una brocha o pincel de cocina 2 veces con el licor.

Untamos la base del molde con un poco de nata y la cubrimos con otra galleta humedecida con el licor.

Incorporamos alternativamente la nata montada y las galletas restantes en el molde.

Envolvemos el pastel en el film transparente y lo ponemos en la nevera durante 8 horas.

Tendremos que ir dándole la vuelta de vez en cuando sobre el mismo molde. Así el licor se quedará repartido entre todas las galletas.

Después de las 8 horas, desenvolvemos el pastel y lo colocamos sobre una fuente.

Batimos la nata restante hasta que esté a punto de nieve.

Cubrimos el pastel con la nata y lo espolvoreamos con un poco de cacao en polvo.

Podemos guardar lo que sobra en la nevera y lo servimos con algún tipo de decoración al gusto.

Montse Deza Pérez

Tarta de Santiago

Ingredientes

250 g de almendra molida
250 g de azúcar
Un poco de canela en polvo
Ralladura de limón
4 huevos
Un poco de azúcar glas para decorar la superficie

Preparación

Batimos los huevos en un bol grande.

Añadimos la almendra molida y la canela una vez que los huevos están bien batidos.

Cuando esté todo bien mezclado ponemos la mezcla sobre un molde bien engrasado o bien sobre papel de hornear.

Lo metemos en el horno a 180 ºC durante unos 25 minutos hasta que se vaya viendo que está bien dorada la superficie (se puede pinchar para comprobar la cocción).

Lo desmoldamos y con el azúcar glas lo decoramos ayudándonos de una plantilla con la forma de cruz de Santiago.

Nota

Para el molde de la cruz se puede imprimir la imagen en un papel y recortarla.

Receta recogida por Immaculada Pérez.

Creps dulces

Ingredientes

250 g de harina sin gluten (se puede utilizar cualquier marca para esta ocasión)
4 huevos
½ l de leche
50 g de mantequilla
50 g de azúcar
Chocolate, queso, jamón, mermelada…

Preparación

Mezclamos bien todos los ingredientes y los batimos con unas varillas o batidora para que la masa quede más homogénea.
Calentamos previamente una sartén antiadherente.
Cada crep se ha de hacer con una cucharada sopera de mezcla.
Cuando se vea que salen unas burbujas pequeñas le damos la vuelta a la crep y después la sacamos.
La rellenamos dentro de la misma sartén o fuera según los ingredientes.

Nota

Podemos reservarlas una encima de otra en algún lugar húmedo hasta que las usemos pero no debemos dejarlas mucho tiempo sin comérnoslas ya que las creps se ponen duras.

Receta recogida por Cristina Cano y Gloria Porras.

Bizcocho con frutas

Preparación

Para esta fácil receta se puede utilizar como base el bizcocho de yogurt (ver la receta).

Quitamos el centro del bizcocho para dejar un hueco y lo rellenamos con nata o crema pastelera.

Cubrimos el bizcocho con fruta fresca troceada (fresas, naranjas, kiwis).

Para pegar la fruta a la superficie del bizcocho se puede utilizar un poco de crema o incluso un poco de nata, porque de esta forma no se moverán los trozos.

También podemos pintar la fruta con un poco de ligero almíbar o gelatina.

Se deja unas horas en el refrigerador para que cuaje la cobertura.

Estas bases se pueden utilizar con muchas decoraciones.

Receta recogida por Manuela Hidalgo.

Hojaldre con frutos secos o frutas

Ingredientes

2 placas de hojaldre (en este caso de Aserceli o alguna de las que tiene la casa Foody)
Mezcla de frutos secos pelados (al gusto)
1 huevo
Mermelada de melocotón
Crema al gusto (opcional)

Preparación

Descongelamos las placas de hojaldre. Acomodamos una de ellas en una fuente de horno previamente forrada y la pinchamos con un tenedor para que no se hinche al hornearse.

La untamos con un huevo batido.

Cortamos en dos tiras la otra placa y la colocamos encima de los laterales de la primera placa, de esta manera al poner el relleno no se saldrá. La pinchamos también.

Se hornea.

La sacamos del horno y la reservamos 5 minutos.

La rellenamos con nata montada o algún tipo de crema al gusto; también se puede simplemente untar la base con un poco de chocolate.

Cubrimos la superficie con frutos secos y la untamos de mermelada de melocotón disuelta en un poco de agua con ayuda de una brocha.

Nota

En vez de frutos secos también queda muy bien la mezcla de frutas de temporada troceadas con una base de crema pastelera. Se pueden hacer también de forma individual en moldes pequeños.

Receta recogida por Inmaculada Pérez.

Roscón de Reyes

Ingredientes

400 g de harina
   sin gluten panificable
200 g de azúcar glas
2 huevos
125 ml de leche
40 ml de aceite suave
½ cucharada sopera de agua de azahar
1 cucharada de vinagre blanco
1 cucharada de ron añejo
Ralladura de 1 naranja
Ralladura de 1 limón
Zumo de 1 naranja
Una pizca de sal
40 g de levadura de panadero

Ingredientes de decoración

Frutas escarchadas (confitadas)
Almendras semipicadas

Preparación

Batimos los huevos ligeramente. Disolvemos la levadura en leche tibia. Ponemos en una amasadora o en un bol todos los ingredientes y los amasamos con las varillas eléctricas. Forramos la placa de horno con papel de hornear.

Hacemos una rosca sobre la placa del horno. Batimos un huevo y pintamos el roscón. Lo adornamos con la fruta y un poco de azúcar humedecida previamente en agua. Lo dejamos fermentar (mejor dentro del horno) hasta que la masa alcance el doble de su tamaño. Lo cocemos en el horno (previamente calentado) arriba y abajo a 180 ºC durante unos 15 minutos hasta que esté ligeramente dorada.

Lo rellenamos al gusto con nata, crema o trufa.

Opción para hacer la coca de San Juan

Se hace de la misma forma que el roscón pero no se pone ni el ron ni el agua de azahar. En su lugar se pondrá media copita de anís, piñones y fruta confitada para decorar.

Receta recogida por Manuela Hidalgo.

Tarta de queso

Ingredientes

500 g de queso para untar
60 g de maicena
150 g de azúcar
Pasas de Corinto o pepitas de chocolate
1 limón para rallar
4 huevos

Preparación

Ponemos en un bol el queso. También añadimos las 4 yemas de huevo, la harina, el azúcar, las pasas o las pepitas y la ralladura del limón.

De las 4 claras de huevo batimos 3 a punto de nieve y las incorporamos lentamente a la mezcla anterior. Lo vertemos todo en un molde previamente untado de mantequilla y enharinado.

Lo horneamos durante unos 30 minutos por ambos lados y lo dejamos reposar unos 10 minutos después de sacarlo del horno.

Lo podemos decorar con unas pepitas de chocolate, con fruta fresca troceada, con coco rallado, etc. Se puede hacer individualmente si disponemos de moldes pequeños.

Receta recogida por Immaculada Pérez.

Coulant de chocolate

Ingredientes

200 g de chocolate al 70% de cacao
100 g de margarina
40 g de azúcar
30 g de harina de repostería
¼ de cucharadita de canela
3 huevos
Una pizca de sal

Preparación

Fundimos el chocolate al baño maría.

En un bol mezclamos la mantequilla previamente reblandecida con el azúcar y lo batimos con las varillas eléctricas hasta que blanquee.

Añadimos los huevos uno a uno y lo mezclamos.

Añadimos la sal y el chocolate fundido.

Lo mezclamos todo bien y lo ponemos en moldes untados previamente con mantequilla y ligeramente enharinados.

Los metemos en el congelador.

Los sacamos 5 minutos antes del congelador y los metemos en el horno previamente calentado a 180 ºC.

Los horneamos durante 15 minutos y ya estarán listos para comer.

Receta recogida por Manuela Hidalgo.

Brazo de gitano de chocolate y tronco navideño

Ingredientes

5 huevos
1 yema
75 g de azúcar
45 g de harina fina de maíz (maicena)
45 g de harina de repostería sin gluten
1 cucharadita de azúcar avainillado
½ cucharadita de levadura en polvo sin gluten

Preparación

Montamos los huevos y la yema con el azúcar y el azúcar avainillado.

Cuando triplique su volumen incorporamos las harinas (previamente tamizadas) poco a poco y lo vamos mezclando con movimientos envolventes.

Vertemos el preparado en la bandeja del horno que estará forrada con papel de horno.

Lo horneamos a 200 °C unos 15 minutos o hasta que se vea dorado.

Lo desmoldamos encima de un paño de cocina fino (ligeramente humedecido) y lo enrollamos con el trapo sobre sí mismo inmediatamente y lo dejamos enfriar.

Una vez frío lo rellenamos. Para el relleno también podemos utilizar nata trufada, nata, crema pastelera, mermelada, etc.

Para preparar el tronco de Navidad

Se sigue el procedimiento anterior pero se cubre con cobertura de chocolate. Cuando esté frío le pasamos un tenedor sobre toda la cobertura para hacerle unas rallas dibujadas como una corteza de árbol. Lo rellenamos con nata.

Receta recogida por Manuela Hidalgo.

Buñuelos rellenos de manzana

Ingredientes

2 manzanas Golden
1 chupito de anís
50 g de azúcar
1 huevo
¾ de sobre de levadura
5 cucharadas soperas de harina
Una pizca de sal
1 chorrito de leche
Azúcar glas
Aceite abundante para freír

Preparación

Pelamos las manzanas y las troceamos al gusto.

Las ponemos a macerar con el anís y parte del azúcar durante unos minutos dentro de un bol.

Batimos el huevo, la leche y la sal.

Vamos añadiendo la harina y la levadura. Lo mezclamos bien.

Escurrimos los trozos de manzana y los pasamos por la harina y luego por la mezcla del rebozado.

Los freímos y después los escurrimos en un papel de cocina.

Espolvoreamos cada buñuelo con azúcar glas.

Receta recogida por Immaculada Pérez.

Profiteroles

Ingredientes

¼ de l de agua
125 g de mantequilla
1 pizca de sal
150 g de harina sin gluten (nosotros para esta ocasión usamos Schär)
Una cucharadita de canela molida
1 sobre de levadura sin gluten (puede ser Hacendado)
Chocolate o azúcar glas para decorar

Preparación

Ponemos una cacerola al fuego con el agua, la mantequilla, la sal y el azúcar.

Cuando empieza a hervir la mezcla la retiramos del fuego y le añadimos toda la harina de golpe, previamente mezclada con la levadura y la canela.

Ponemos nuevamente la cacerola al fuego y la vamos removiendo lentamente hasta que la mezcla se despegue de las paredes.

Vamos vertiendo la masa en un bol y cuando esté templada añadimos los huevos uno en uno hasta obtener una pasta cremosa.

Se puede usar una manga pastelera o una cuchara grande para hacer bolitas con la mezcla total obtenida.

Se van haciendo bolitas del tamaño de una trufa y se van poniendo sobre el papel de hornear en una bandeja en el horno durante 25 minutos a fuego lento y a unos 180 ºC.

Intentamos no abrir durante ese tiempo la puerta del horno para no alterar la masa.

Cuando ya están hechas las sacamos y las reservamos.

Cuando estén frías les hacemos un corte y las rellenamos de nata, crema pastelera o chocolate.

Lo decoramos por encima con el condimento que más guste.

Receta recogida por Immaculada Pérez.

Melindros

Ingredientes

6 huevos
150 g de harina de repostería sin gluten
125 g de azúcar
Una cucharadita de agua caliente
Una cucharadita de azúcar avainillado
Una pizca de sal

Preparación

Separamos las claras de las yemas y montamos las claras con la mitad del azúcar a punto de nieve (añadimos también la sal).

En otro bol montamos las yemas con el resto del azúcar, una cucharadita de agua caliente y la cucharadita del azúcar avainillado.

Juntamos las dos mezclas con mucho cuidado con movimientos envolventes para que se mezclen bien.

Incorporamos la harina cernida con un colador. Poco a poco lo mezclamos con movimientos envolventes.

Precalentamos el horno a 180 ºC.

Forramos la bandeja del horno con papel para hornear. Ponemos en una manga pastelera la mezcla y se van haciendo tiras sobre la bandeja con un poco de separación entre ellas para que no se junten al cocerse. Las espolvoreamos con azúcar glas y las horneamos durante unos 12 minutos.

Nota

Esta receta es la base para muchos otros postres, como el de la carlota.

Receta recogida por Manuela Hidalgo.

Tartita de limón

Ingredientes

1 placa de hojaldre descongelada para la base

Para el relleno

1 bote de leche condensada
3 yemas de huevo
Ralladura de 1 limón
Zumo de 2 limones

Preparación

Batimos ligeramente media clara de huevo hasta que esté espumosa.
Con una brocha untamos el hojaldre previamente horneado y dorado.
Lo volvemos a meter en el horno 5 minutos para que se dore la clara.
Batimos las 3 yemas con la ralladura de limón y vertemos poco a poco la leche condensada. Luego vamos añadiendo el zumo de los limones.
Vertemos la mezcla sobre el hojaldre.
Lo horneamos unos minutos hasta ver que está bien hecho pinchando con un tenedor la mezcla.

Nota

Para que el hojaldre no se hinche con el calor siempre va bien ponerle por encima unos garbanzos y luego retirarlos ya que gracias al peso se impide que la masa se levante.

Montse Deza Pérez

Postre de yogurt

Ingredientes

200 g de yogurt
½ kg de nata de repostería
25 g de azúcar moreno
Grosellas para decorar
Helado al gusto (queda bien de vainilla o de turrón)
Almendras picadas
Chocolate o caramelo líquido

Preparación

Mezclamos el yogurt con la nata líquida y vamos añadiendo unos 25 g de azúcar moreno.

Repartimos la mezcla en copas anchas y añadimos un chorrito de caramelo líquido o chocolate.

Les añadimos la bola de helado previamente bañada con almendras picadas. Lo decoramos con unas grosellas y hojitas de menta.

Coquitos

Ingredientes

200 g de coco
150 g de azúcar
2 huevos
1 yema
Azúcar glas para espolvorear

Preparación

Ponemos en un recipiente el coco y el azúcar. Lo mezclamos bien.

Añadimos los huevos y los batimos hasta que se haga una mezcla homogénea.

Metemos la mezcla en una manga pastelera y hacemos bolitas pequeñas. Forramos una bandeja para el horno.

Calentamos previamente el horno a unos 170 ºC durante 5 minutos y los hacemos durante unos 10 minutos, según la potencia del horno.

Cuando se vean doradas las sacamos y las reservamos.

Receta recogida por Immaculada Pérez.

Magdalenas caseras

Ingredientes

4 huevos
150 g de azúcar
100 cl de aceite de girasol
50 cl de leche
Una pizca de canela molida
100 g de maicena
100 g de harina panificable (para esta receta nos ha funcionado la de Carrefour o Schär)
1 sobre de levadura química o 2 sobres dobles de gasificante
½ cucharada de bicarbonato
Ralladura de naranja

Preparación

Montamos con las varillas eléctricas los huevos con el azúcar durante unos 10 minutos.

Añadimos el aceite, la ralladura de naranja (una cucharadita), la leche y la canela.

Juntamos las dos harinas junto con la levadura y el bicarbonato e incorporamos la mezcla anterior poco a poco. Lo dejamos reposar unos 45 minutos bien tapado.

Pasado el tiempo rellenamos los moldes hasta la mitad y los espolvoreamos con azúcar.

Lo horneamos hasta que estén dorados a 180 ºC.

Receta recogida por Manuela Hidalgo.

Arroz con leche gratinado

Ingredientes

1 cucharada colmada de Mix Dolci Mix C Schär
100 g de arroz
250 ml de leche
30 g de mantequilla
3 huevos pequeños
120 g de azúcar
50 g de almendras
1 limón
Una pizca de sal

Preparación

Cocemos el arroz durante 20 minutos en agua ligeramente salada.

Lo escurrimos, lo echamos en una sartén antiadherente y lo cubrimos con la leche templada.

Añadimos algunos trocitos de corteza de limón y los cocemos durante 15 minutos a fuego lento hasta que el arroz haya absorbido toda la leche.

No dejamos de mezclar durante la cocción para evitar que se forme una piel en la superficie.

Dejamos enfriar el arroz. Mientras vamos calentamos el horno a 170 ºC.

Tostamos las almendras en una sartén antiadherente y a continuación las picamos cuidadosamente.

Mezclamos con el arroz 90 g de azúcar, 15 g de mantequilla, la harina, las 3 yemas de huevo y algo de ralladura de limón.

A continuación, incorporamos cuidadosamente las claras batidas a punto de nieve.

Espolvoreamos 10 moldes con azúcar. Vertemos la masa en los mismos y los ponemos en una fuente grande para el horno previamente llena con 2 ó 3 cm de agua.

Los horneamos durante 25 minutos.

Sacamos la fuente del horno y dejamos enfriar los moldes en agua.

Metemos los flanes en la nevera durante al menos 1 hora.

Receta recogida por Schär.

Donuts artesanales

Ingredientes

500 g de Mix pan Schär
1 cucharadita de fibra alimentaria
1 cucharada y ½ sopera de sal
1 paquete de levadura seca
1 cucharadita de azúcar
1 huevo
50 g de mantequilla blanda
380 ml de leche templada
Cucharadas soperas de azúcar para el agua de la cocción

Preparación

Mezclamos la harina, la fibra y la sal en un recipiente.

Hacemos un hoyo en medio y repartimos en él la levadura y el azúcar. Lo mezclamos con un poco de harina.

Añadimos 1/3 de la leche templada y esperamos hasta que la levadura haga burbujas.

Agregamos el huevo y la mantequilla y lo amasamos todo junto al resto de la leche durante 5 minutos hasta obtener una masa blanda.

Sobre una superficie enharinada, la trabajamos y le damos forma cilíndrica. Luego la cortamos en 12 trozos iguales.

Tomamos los pedazos y formamos círculos de 2 cm de grosor. Con el mango de una cuchara de madera les hacemos a cada uno un agujero de 3 cm de diámetro.

Dejamos que fermenten los donuts. Ponemos a hervir 4 litros de agua con 2 cucharadas soperas de azúcar.

Uno tras otro, dejamos que los donuts se cuezan exactamente un minuto y medio por cada lado.

Calentamos el aceite en una freidora o una sartén a 160 ºC y freímos los donuts por ambos lados hasta que estén dorados.

Receta recogida por Schär.

Donuts glaseados (sin lactosa)

Ingredientes

500 g de harina de maíz
100 g de azúcar
2 huevos enteros
50 g de margarina
25 g de levadura
10 g de sal
¼ de l de agua
Gotas de colorante de colores

Preparación

Mezclamos todos los ingredientes.

Hacemos bolas grandes y les damos forma de donut dejando un agujero en el centro.

Los freímos en abundante aceite y después los escurrimos sobre un papel de cocina.

Cubrimos los donuts con el glaseado (mezcla de azúcar, agua y colorante) con ayuda de una brocha.

Los decoramos al gusto con virutas de colores, frutos secos troceados, etc.

Receta recogida por José M. García

Bizcocho de piñones (sin lactosa)

Ingredientes

Piñones al gusto
3 huevos enteros
1 kg de azúcar
1 kg de harina de maíz
200 g de almendra
Ralladura de limón

Preparación

Ponemos en un vaso los huevos y el azúcar. Lo batimos bien.
Añadimos la harina, la ralladura de limón y la almendra.
Lo ponemos al horno previamente calentado a 180 ºC hasta que se vea dorado y hecho por ambos lados (comprobar pinchando con un tenedor).

Nota

Poner nueces, piñones, chocolate... como decoración.

Receta recogida por José M. García.

Pastelito de crema y piña

Ingredientes

1 lata de piña (565 g)
200 g de galletas Savoiardi Schär
Huevos
60 g de azúcar
250 g de requesón o similar

Preparación

Escurrimos las rodajas de piña y separamos el líquido.
Empapamos las galletas con una brocha.
Introducimos las galletas Savoiardi en el jugo de piña y las colocamos en un molde.
Separamos las yemas de los huevos y las batimos con el azúcar hasta que obtenemos una mezcla espumosa. Añadimos el requesón.
Batimos las claras a punto de nieve y las incorporamos cuidadosamente.
Ponemos la crema sobre las galletas Savoiardi y la decoramos con las rodajas de piña cortadas por la mitad.
Ponemos el postre en la nevera durante aproximadamente 3 horas.

Receta recogida por Schär.

Tarta de naranja y almendras

Ingredientes

125 g de almendra molida
50 g de harina sin gluten
Una cucharadita de levadura
225 g de azúcar
Queso en crema
5 huevos
Ralladura de 1 naranja

Preparación

Mezclamos en un bol las almendras, la harina, el azúcar y la levadura.

Mezclamos en otro bol los huevos previamente batidos, el queso en crema y la ralladura de la naranja.

Lo mezclamos todo muy bien.

Forramos la fuente o bandeja del horno con papel de estraza.

Vertemos la mezcla sobre la bandeja bien repartida.

La cocemos a tiempo medio durante unos 40 minutos a unos 180 ºC.

La sacamos del horno y la dejamos enfriar una media hora.

Espolvoreamos el azúcar glas sobre la tarta.

Budín de muesli y chocolate

Ingredientes

100 g de muesli Schär
100 g de almidón de maíz
100 g de mantequilla
125 g de azúcar
75 g de cacao
1 l de leche

Preparación

Llenamos con agua fría un molde de pudin.

Colocamos la mantequilla troceada en una cacerola y la derretimos a fuego lento. Posteriormente, con la ayuda de un tamiz, añadimos el azúcar y el almidón de maíz.

Sin dejar de remover añadimos la leche poco a poco y, en último lugar, el cacao.

Lo cocemos a fuego lento sin dejar de remover hasta que la crema vaya espesándose.

Posteriormente lo dejamos entibiar y añadimos 50 g de muesli mezclándolo bien. Retiramos el agua del molde, escurrimos y agregamos el resto del muesli de tal forma que parte quede pegada a los lados del molde.

Vertimos el pudin y lo colocamos en el frigorífico aproximadamente 2 horas.

Receta recogida por Schär.

Montse Deza Pérez

Parrozzo

Ingredientes

100 g de mantequilla (a temperatura ambiente)
4 huevos
200 g de chocolate amargo
20 g de aceite de oliva
½ vaina de vainilla
Un poco de piel de limón
1 pellizco de sal
100 g de azúcar
100 g de almendras peladas y ralladas
100 g de Mix Dolci Mix
½ cucharada de té de levadura en polvo

Preparación

Separamos los huevos. Batimos la mantequilla, 50 g de azúcar, la piel de limón y la vainilla hasta que se forme una masa esponjosa.

Añadimos lentamente la yema de huevo removiendo. Mezclamos bien la harina, las almendras y la levadura en polvo.

Añadimos mezclando la mitad de esta mezcla de harina.

Batimos a punto de nieve la clara de huevo, el azúcar y la sal. Ponemos la mitad bajo la masa y añadimos agitando el resto de la mezcla de harina.

La colocamos debajo el resto de las claras a punto de nieve y rellenamos con ello un molde redondo. La horneamos a 180-200 °C durante 20 ó 25 minutos.

La dejamos enfriar y la extraemos volcándolo.

Fundimos el chocolate amargo, añadimos removiendo el aceite de oliva y lo vertemos sobre el pastel ya frío.

Con un tenedor dibujamos rayas como decoración.

Receta recogida por Schär.

Leche frita con azúcar

Ingredientes

½ l de leche
100 g de azúcar
60 g de harina (puede ser maicena)
2 huevos
1 ramita de canela
Aceite
Una pizca de vainilla
Corteza de un limón

Para el rebozado

Harina sin gluten
Huevo batido
Azúcar con canela al polvo (mezclado al gusto)

Preparación

En un bol mezclamos el azúcar, la maicena y parte de la leche.

Cuando veamos que la mezcla quede ligera se añaden los dos huevos y la seguimos mezclando.

Mientras tanto en una cacerola ponemos a calentar el resto de la leche con la vainilla, la canela y la cáscara del limón.

Ponemos la mezcla a hervir.

Cuando empieza a hervir mezclamos la mezcla del bol con la leche caliente y los demás condimentos. Lo ponemos todo a hervir sin dejar de remover para que no se pegue a la cacerola.

A continuación, vertimos la mezcla en una fuente o bandeja y retiramos la canela y el limón. Lo dejamos enfriar.

Cortamos la masa a cuadraditos una vez fría.

Pasamos cada cuadrado por harina y huevo y los freímos en aceite caliente.

Cuando los vayamos a sacar los dejamos enfriar unos minutos sobre un papel absorbente y los pasamos por la mezcla de canela y azúcar previamente preparado en un plato.

Receta recogida por Inmaculada Martínez.

Montse Deza Pérez

Brownie de chocolate y nueces

Ingredientes

180 g de azúcar
160 g de mantequilla o margarina
2 cucharadas de agua
160 g de chocolate negro
1 cucharadita y ½ de vainilla
140 g de harina sin gluten
½ cucharadita de bicarbonato
Una pizca de sal
3 huevos grandes
Azúcar glas para decorar
100 g de nueces

Preparación

Calentamos el horno a 180 ºC. Untamos un molde de forma cuadrada con mantequilla.

En un recipiente que sirva para el microondas juntamos el azúcar, la mantequilla y el agua. Lo dejamos reposar hasta que la mantequilla se deshaga.

Agregamos el chocolate a trocitos y lo removemos hasta que se derrita el chocolate y se mezcle todo bien.

Añadimos la vainilla y dejamos reposar la mezcla unos minutos para que se enfríe.

Tamizamos juntos la mantequilla, el bicarbonato y la sal en un cuenco.

Añadimos de uno en uno los huevos a la mezcla de chocolate. Con una cuchara de madera agregamos poco a poco a la mezcla la harina con el bicarbonato y lo removemos para ponerlo en el molde.

Agregamos las nueces peladas y troceadas.

Lo horneamos unos 30 minutos y comprobamos que está hecho después de ese tiempo.

Cuando esté frío añadimos azúcar glas por encima y trocitos de chocolate negro o blanco por encima.

Receta recogida por Inmaculada Pérez y Manuela Hidalgo.

Galletas de nata

Ingredientes

200 ml de nata líquida para montar
200 g de azúcar
2 yemas de huevo
1 clara de huevo
1 cucharadita y ½ de bicarbonato
Harina de repostería sin gluten (la que admita la mezcla, la suficiente
   para poder extenderla sin que se pegue a las manos ni al rodillo)

Preparación

Mezclamos en un bol la nata y el azúcar hasta que quede un poco montada. A continuación añadimos las yemas y el bicarbonato y también poco a poco la harina.

Enharinamos el mármol o la superficie para extender la masa.

Dejamos la masa a medio centímetro de grosor y la cortamos con un molde o similar con formas redondas.

Ponemos las galletas sobre la bandeja previamente forrada con papel de hornear.

Las pintamos con la clara batida del huevo y un poco de azúcar por encima. Las horneamos a unos 150 ºC.

Cuando estén doradas las sacamos del horno y las dejamos enfriar.

Las decoramos con chocolate fundido formando el dibujo de unos hilos finos.

Receta recogida por Manuela Hidalgo.

Montse Deza Pérez

Natillas de toda la vida

Ingredientes

1 palito de canela
½ l de leche
80 g de azúcar
6 yemas de huevo
Un poco de canela en polvo (al gusto para decorar)

Preparación

Vertemos en un cazo a fuego moderado la canela y la leche hasta que hierva y lo reservamos.

Mezclamos la mezcla anterior con el azúcar y las yemas a fuego lento.

Lo vamos removiendo hasta que quede la mezcla cremosa pero sin llegar a hervir. Quitamos la canela y lo reservamos unos 10 minutos.

Podemos adornar las natillas con un poco de canela en polvo por encima.

Tarta con dátiles

Ingredientes

¼ de kg de azúcar
¼ de l de agua
350 g de dátiles
350 g de nueces peladas
50 g de azúcar
100 g de piñones
Azúcar glas (al gusto)

Preparación

Mezclamos el agua y el azúcar y lo ponemos a fuego lento.

Añadimos los dátiles pasados 2 minutos y los seguimos cociendo hasta conseguir una mezcla tipo mermelada.

Lo reservamos.

Añadimos las nueces troceadas y removemos.

En un papel de aluminio espolvoreamos el azúcar glas y esparcimos la mezcla. Enrollamos el papel.

Metemos el rollo en el frigorífico unas 4 horas.

Quitamos el aluminio y lo cortamos.

Lo servimos decorado con unos piñones por encima.

Carlota de café y chocolate

Ingredientes

Unos 25 melindros (se pueden utilizar caseros o de la casa Schär)
Crema pastelera
Café líquido
Chocolate líquido
Virutas de chocolate (si se desea) o fruta confitada

Preparación

Colocamos los melindros sobre una fuente grande de manera que ocupe toda la base.

Humedecemos los melindros con un poco de café con ayuda de una brocha.

Cubrimos toda la base de melindros con crema pastelera (no hace falta que esté bien esparcida del todo).

Volvemos a cubrirla con otra capa de melindros y lo cubrimos todo con el chocolate negro líquido.

Metemos la fuente en el frigorífico bien tapada durante unas horas.

Lo podemos decorar con fruta confitada o virutas. Lo repartimos.

Nota

Podemos hacer tantas capas como deseemos. El chocolate se puede poner antes o después de meterlo en el frigorífico, según si se desea que el postre esté totalmente frío o tibio.

Pastel de almendras

Ingredientes

Harina sin gluten
1 cucharadita de levadura
200 g de mantequilla
6 huevos
250 g de azúcar
250 g de almendra picada
3 naranjas

Preparación

Limpiamos las naranjas y las ponemos a fuego lento con agua que las cubra totalmente durante 2 horas.

Las limpiamos y las trituramos con ayuda de una batidora.

Precalentamos el horno a 180 ºC y forramos o engrasamos una fuente.

En un bol batimos los huevos y añadimos los demás ingredientes haciendo que se mezclen bien.

Horneamos el pastel por ambos lados durante unos 45 minutos (siempre controlando el horneado).

Lo reservamos.

Lo desmoldamos y decoramos al gusto.

Nota

Según la fuerza de cada horno se necesitará más o menos tiempo.

Receta recogida por Inmaculada Pérez.

Tarta de piña

Ingredientes

1 kg de piña de lata (1 lata)
Azúcar (medida de un vaso grande)
2 colas de pez (gelatina)
½ kg de nata montada

Preparación

Ponemos la gelatina en un poco de agua para ablandarla.

Extraemos el líquido del bote de la piña, ponemos un poco en un cazo y lo dejamos a fuego lento.

Trituramos la piña (reservamos una rodaja) con una batidora y añadimos el azúcar.

Lo mezclamos todo bien y añadimos la nata con movimientos envolventes con una lengua pastelera.

Introducimos la mezcla en un molde poniendo en la base una rodaja de piña para que al desmoldarlo quede arriba decorado. Lo introducimos en el frigorífico hasta que esté consistente durante unas 5 ó 6 horas.

Lo desmoldamos y lo decoramos al gusto.

Galletas glaseadas con coco y chocolate

Ingredientes

400 g de Schär Mix Dolci
150 g de mantequilla
175 g de azúcar
Una pizca de sal
3 huevos
100 ml de leche
2 cucharaditas de levadura en polvo sin gluten
400 g de puré de castañas
50 ml de nata líquida
20 ml de licor de cereza

Preparación

Batimos la mantequilla con la sal y el azúcar hasta que obtenemos una masa espumosa.

Después añadimos los huevos uno a uno.

Mezclamos la harina con la levadura en polvo y vamos añadiendo la leche a la mezcla.

Mezclamos bien el puré de castañas con la nata y el licor.

Rellenamos hasta la mitad un molde untado previamente de mantequilla. A continuación, añadimos la masa de castaña, la mantequilla y el huevo, y lo mezclamos todo muy bien.

Lo cubrimos con la mezcla de la mantequilla y el huevo restante.

Precalentamos el horno a 180 ºC y lo horneamos unos 60 minutos con calor por encima y por debajo.

Lo servimos frío.

Pastel de castañas

Ingredientes

170 g de Mix Dolci C Schär
80 g de mantequilla
80 g de azúcar
50 g de coco rallado
2 huevos
1 cucharadita de polvo para hornear
Cacao en polvo
Leche para untar

Preparación

Mezclamos la harina con el polvo para hornear, el azúcar y el coco rallado.

Añadimos la mantequilla fría en pequeños copos y los huevos.

Elaboramos la masa y la dejamos enfriar o reposar durante una hora y media en la nevera.

Después moldeamos las galletas formando bolitas y las untamos con leche. Las horneamos en el horno (previamente calentado) hasta que las galletas cojan un color café tostado.

Una vez enfriadas las glaseamos con el chocolate y las espolvoreamos con el coco rallado.

Galletitas de almendras

Ingredientes

3 huevos
300 g de almendras crudas, enteras y peladas
Un poco de vainilla
100 g de azúcar

Preparación

Introducimos en un recipiente las almendras (menos de 60 g) y las picamos junto con el azúcar y los huevos hasta obtener una mezcla bien ligada.

Amasamos la mezcla resultante y hacemos bolitas con la ayuda de una cuchara grande.

Cubrimos una fuente de horno con papel para forrar moldes y disponemos los grumos de la mezcla sobre ella separados unos de otros ligeramente.

Coloramos las almendras guardadas sobre la masa de las galletas.

Las horneamos durante unos 30 minutos a máxima potencia (200 ºC o 210 ºC) hasta que se vean doradas.

Las retiramos y las reservamos.

Las servimos acompañadas de un té o cualquier bebida caliente a media tarde.

Montse Deza Pérez

Hojaldre con frutos secos o frutas (Inmaculada Pérez)

Petisú-Mix (Natur Improver)

Brownies (Manuela Hidalgo)

Buñuelos rellenos de manzana (Inmaculada Pérez)

 Montse Deza Pérez

Churros artesanales (José M. García)

Coulant de chocolate (Manuela Hidalgo)

Galletas de mantequilla (Montse Deza)

Tarta de queso (Montse Deza)

Montse Deza Pérez

Galletas de nata (Montse Deza)

Bizcocho de frutas (Manuela Hidalgo)

Magdalenas caseras (Montse Deza)

Panellets *(Manuela Hidalgo)*

 Montse Deza Pérez

Tarta de limón y merengue (Manuela Hidalgo)

Roscón de Reyes (Raquel Deza Hidalgo)

Galletas de mantequilla (panadería L'emadelheine)

Tarta de San Marcos (Manuela Hidalgo)

 Montse Deza Pérez

Tejas almendradas

Ingredientes

4 claras de huevo
150 g de azúcar glas
150 g de almendras picadas (crudas)
20 g de maicena
Ralladura de limón

Preparación

Ponemos las claras en un bol junto con el azúcar y la ralladura de un limón. Lo vamos removiendo con la ayuda de unas varillas hasta que quede todo bien ligado.

Mezclamos las almendras con la harina fina y lo añadimos a la mezcla anterior. Una vez removido y mezclado todo ponemos una cucharada sobre una placa de horno y la extendemos con la ayuda de la misma cuchara.

Lo horneamos a 180 ºC.

Cuando se vean las tejas doradas las sacamos del horno y las ponemos en un rodillo o botella para darles forma y las dejamos enfriar en el mismo.

Receta recogida por Manuela Hidalgo.

Flan de chocolate negro

Ingredientes

5 huevos
100 g de azúcar
250 ml de leche
250 ml de nata líquida para montar
200 g de chocolate negro
Caramelo líquido (al gusto)
Decoración al gusto aparte del caramelo
Galletas (del tipo maría sin gluten)

Preparación

Cubrimos el fondo del molde con caramelo líquido.

En un bol batimos los huevos, agregamos la leche, el azúcar y la nata. Lo mezclamos.

Ponemos el chocolate en un bol con un chorrito de agua y lo deshacemos. Una vez deshecho removemos la mezcla muy bien y lentamente.

Pasados 5 minutos vamos incorporando a la mezcla anterior hecha con los huevos. Lo mezclamos todo bien.

Colocamos la mezcla en el interior del molde (único o individuales) y ponemos encima las galletas tapando la mezcla (las humedecemos previamente con un poquito de leche).

Las ponemos sobre una fuente honda y al baño maría dentro del horno a 180 ºC durante 25 minutos.

Lo dejamos enfriar y lo desmoldamos.

Lo decoramos con virutas de colores o con nata ya montada sin gluten.

Nata trufada

Preparación

Ponemos en un cazo 500 ml de nata para montar y 150 g de chocolate negro sin gluten a trocitos, también 4 cucharadas de azúcar glas. Todo a fuego lento. Lo vamos removiendo hasta que el chocolate esté bien deshecho pero sin llegar a hervir.

Ponemos en un bol la mezcla tapada y la reservamos en el frigorífico durante una noche entera. Montamos la mezcla resultante con unas varillas eléctricas como si fuese nata normal y estará lista para rellenar cualquier tipo de tarta.

Escamas de chocolate blanco o negro

Preparación

Fundimos 50 g de chocolate negro al baño maría. Vertemos el chocolate sobre una superficie con ayuda de una espátula o lengua pastelera y lo cubrimos con otra presionando de forma que quede una capa fina. Metemos la capa de chocolate en el congelador para que se solidifique. La retiramos y la troceamos en forma de virutas cuando se vea después de un tiempo que está listo para usar. La podemos utilizar para decorar cualquier tarta.

Receta recogida por Manuela Hidalgo.

Cobertura de chocolate

Preparación

Calentamos 250 g de nata líquida para montar en un cazo hasta que empiece a hervir. La retiramos y añadimos los 250 g de chocolate negro sin gluten al 70% de cacao en trocitos y los mezclamos bien. Cuando se entibie ya estará listo para usar.

Nota

Puede usarse también como relleno de cualquier tarta.

Base de bizcocho para tartas clásicas

Ingredientes

6 huevos
100 g de harina de repostería sin gluten
100 g de harina de maíz fina (maicena)
125 g de azúcar
Una cucharadita rasa de levadura en polvo (Hacendado)
5 gotas de zumo de limón

Preparación

Separamos las claras de las yemas y montamos las claras a punto de nieve con la mitad del azúcar y el zumo de limón.

Montamos las yemas con el resto del azúcar y luego las mezclamos con movimientos envolventes ayudándose de una "lengua" o similar.

Juntamos las dos harinas y la levadura. Las tamizamos dos veces y las vamos incorporando poco a poco a lo anterior.

Lo ponemos en un molde forrado o en varios moldes si se desea hacer varios pisos para rellenar.

Lo horneamos a 180 ºC durante unos 20 minutos. Lo dejamos enfriar boca abajo para que no se baje el bizcocho por el centro. Lo rellenamos al gusto con nata, chocolate, crema pastelera, mermelada, etc.

Nota

Esta receta es ideal como base para tartas clásicas y elegantes como las tartas de *sara* o con frutas.

Receta recogida por Manuela Hidalgo.

Tarta de galleta y limón

Ingredientes

100 g de galletas (del tipo maría sin gluten)
250 g de queso fresco
50 g de mantequilla
3 cucharadas de azúcar
3 huevos
Hojas de gelatina
3 limones
1 limón para la crema
1 yema de huevo
100 g de mantequilla para la crema
100 g de azúcar para la crema

Preparación

Desmenuzamos las galletas y las mezclamos con la mantequilla previamente fundida y forramos con ellas el fondo de una fuente.

Mezclamos en un bol las yemas con el queso, el azúcar, la ralladura de un limón y la gelatina. Previamente diluimos la gelatina con el zumo caliente de 2 limones.

Lo mezclamos todo muy bien.

Batimos las claras a punto de nieve y las añadimos a la mezcla anterior.

Cubrimos con la mezcla resultante la fuente y la reservamos en el frigorífico durante un día más o menos.

Al sacar la tarta del frigorífico la cubrimos con la crema obtenida hecha con la yema de huevo, el azúcar, la mantequilla y el zumo de un limón; todo a fuego lento hasta que formamos una crema ligera.

Cubrimos la tarta y la volvemos a meter en el frigorífico durante unas horas.

Decoramos la superficie al gusto (siempre con ingredientes que vayan bien con el limón).

Naranjas marinadas

Ingredientes

5 naranjas grandes
5 cucharadas grandes de azúcar
Menta picada (al gusto)
Copa de Cointreau (al gusto)

Preparación

Cortamos las naranjas en rodajas y las dejamos muy limpias.
Las ponemos estiradas en una fuente.
Hacemos una salsa con el azúcar, el Cointreau y la menta (hervida 2 minutos).
Cubrimos las naranjas con la salsa. Lo dejamos reposar una hora y media.
Escurrimos las rodajas sobre algún tipo de papel absorbente.
Lo servimos frío.

Nota

Se puede acompañar con algún tipo de salsa dulce para quitar el ácido de la naranja y se puede decorar con otra cosa que no sea la menta.

Bizcocho de chocolate y avellanas relleno

Ingredientes

100 g de mantequilla
4 huevos
Una pizca de sal
Una cucharadita de levadura sin gluten
150 g de avellanas picadas
100 g de maicena
200 g de chocolate en polvo
140 g de nata líquida para repostería
Salsa de fresas o mermelada (puede ser de otro sabor)

Preparación

Separamos las claras y las yemas.
Batimos las claras con la mantequilla (al punto de pomada) y el azúcar.
Montamos las claras a punto de nieve con una pizca de sal.
Añadimos la avellana y la levadura a la mezcla anterior.
Juntamos las dos mezclas lentamente y lo vamos removiendo.
Deshacemos el chocolate con la nata líquida y lo vamos incorporando a la mezcla.
Forramos un molde hondo con papel de hornear.
Introducimos la mezcla y la cocemos a unos 180 ºC durante 1 hora.
Lo dejamos enfriar.
Cortamos el bizcocho por la mitad y le extendemos suavemente la mermelada.
Juntamos las dos partes y espolvoreamos un poco de azúcar glas sobre el postre.

Beignets al estilo del Café du Monde

Ingredientes

1 sobre de levadura sin gluten
1 taza de leche (230 ml)
2 huevos
56 g de mantequilla derretida
1 cucharada de sal
380 g de harina de maíz
Aceite de girasol para freír
Azúcar glas

Preparación

Ponemos en un bol grande la leche caliente a unos 40 ºC, la levadura y lo dejamos unos minutos para que se mezclen. Pasado este tiempo añadimos los huevos y la mantequilla. Lo mezclamos.

Añadimos la sal y la harina. Lo mezclamos con una cuchara hasta obtener una masa pegajosa. En una superficie cubierta de harina ponemos la masa y la trabajamos durante 10 minutos. Vamos añadiendo siempre harina hasta que sea necesario y deje de estar pegajosa.

A continuación hacemos una bola con la masa. Extendemos en el interior de un bol un poco de aceite y ponemos la bola de masa dentro. La cubrimos con un paño de cocina y la dejamos reposar durante 40 minutos para que doble de tamaño.

En una superficie con harina ponemos la masa y la golpeamos un poco y la volvemos a cubrir con el paño de cocina. La dejamos reposar 15 minutos. Calentamos en una sartén el aceite. Echamos un poco de harina sobre la masa y con un rodillo formamos un cuadrado de unos 30 centímetros. Lo cortamos en cuatro tiras iguales y cada tira en 6 piezas hasta completar 24 rectángulos.

Para freír lo podemos hacer en tandas de 2 minutos por cara y, a continuación, lo ponemos en una bandeja cubierta de papel de cocina para que absorba el aceite. Lo servimos en platos espolvoreados con abundante azúcar glas.

Receta recogida por María José Benítez.

Muffins de coco y fresas

Ingredientes

100 g de maicena
25 g de harina de trigo
100 g de azúcar
100 g de aceite de girasol
½ cucharada de levadura
Una pizca de sal
4 cucharadas de coco rallado
Fresas muy troceadas
2 huevos

Preparación

Precalentamos el horno a 180 ºC.
Batimos los huevos con el aceite e incorporamos la harina poco a poco.
Le ponemos la sal y la levadura, y lo mezclamos lo suficiente para que se mezclen bien los ingredientes.
Le añadimos las fresas y el coco.
Rellenamos los moldes un poquito más de la mitad.
Lo horneamos durante 20 minutos

Receta recogida por María José Benítez.

Bizcocho al coco

Ingredientes

6 huevos
½ l de leche
600 g de leche condensada
250 g de coco rallado
Mantequilla

Preparación

En un bol batimos los huevos.

Añadimos la leche condensada y lo vamos removiendo. Añadimos también la leche y más de la mitad del coco rallado.

Forramos un molde de horno y volcamos dentro la mezcla.

Lo cocemos en el horno al baño de maría hasta que esté cuajado. El horno debe de estar precalentado a unos 180 ºC.

Se reserva en el frigorífico unas 15 horas.

Espolvoreamos el resto del coco rallado.

Tarta Sacher

Preparación

Para esta tarta utilizaremos como bizcocho la base del *brownie* (miramos la receta).

Una vez tengamos el *brownie* frío lo partimos en dos o tres partes y lo rellenamos con mermelada de fresa, frambuesa o melocotón.

Juntamos de nuevo ambas partes de la tarta y las cubrimos totalmente con un chocolate de cobertura fundido previamente. Tiene que quedar totalmente cubierta.

Metemos la tarta en el frigorífico durante 2 horas.

La servimos.

Nota

En caso de utilizar la mermelada de fresa la calentamos en un cazo a fuego lento y la llevamos a la ebullición. Luego la colaremos y la podemos poner sobre el bizcocho en caliente entre cada capa.

Receta recogida por Manuela Hidalgo.

Bizcocho francés

Ingredientes

8 yemas de huevo
4 claras de huevo
240 g de azúcar
1 l de agua
1 l de nata

Preparación

Ponemos el azúcar y el agua en una cazuela a fuego lento.
Lo dejamos hervir durante 5 minutos.
Aparte batimos muy bien las yemas.
Añadimos poco a poco el jarabe preparado (agua con azúcar).
Lo removemos lentamente hasta que enfríe.
Montamos las claras a punto de nieve y aparte montamos la nata.
La mezcla de las yemas se junta con el jarabe, con las claras y la nata.
Echamos la mezcla en un molde y lo metemos en el frigorífico durante unas 6 horas.
Para servir lo acompañamos con la salsa de chocolate caliente y unas almendras o nueces picadas o troceadas por encima.

Crema catalana

Ingredientes

1 l de leche
8 yemas de huevo
200 g de azúcar
10 g de azúcar para quemar
Ralladura de un limón
1 ramita de canela (al gusto)

Preparación

Separamos las yemas de las claras.

Ponemos las yemas en una cazuela con la canela.

Rallamos la piel del limón y pasamos la mezcla por la batidora. Añadimos una pizca de sal y la leche.

Lo ponemos a fuego lento y lo removemos continuamente.

Quitamos la rama de canela.

Una vez cuajado vertemos la mezcla en pequeñas cazuelas de barro individuales o en cuencos.

Espolvoreamos con azúcar glas y quemamos la superficie con un hierro de forma circular hasta que caramelice.

Almendras y avellanas caramelizadas

Ingredientes

300 g de azúcar
300 g de almendras o avellanas
4 cucharadas de agua

Preparación

Echamos todos los ingredientes en una sartén y lo dejamos disolver a fuego lento mezclándolo con una cuchara de madera.

Cuando cada almendra (o avellana) quede envuelta por el azúcar caramelizado, apagamos el fuego y lo vertimos todo en un papel de cocina.

Separamos bien cada almendra o avellana y lo dejamos enfriar.

Montse Deza Pérez

Galletas de manzana

Ingredientes

150 g de harina (Mix Dolci Schär)
60 g de azúcar
½ paquete de azúcar avainillado
2 huevos
100 g de margarina
½ paquete de levadura en polvo
2 manzanas
100 g de nueces

Preparación

Batimos el azúcar, el azúcar avainillado, los huevos y la mantequilla hasta que quede una mezcla ligera.

Mezclamos la harina con la levadura en polvo.

Pelamos las manzanas y las limpiamos, las cortamos en trozos pequeños y las mezclamos con las nueces en la masa.

Con una cuchara grande vamos haciendo pequeños montoncitos sobre la bandeja de horno previamente forrada.

Si quedan muy juntas las galletas, las separamos con moldes para galletas o con un cuchillo.

Espolvoreamos unas galletas con un poco de canela y otras con azúcar glas.

Las horneamos durante unos 15 minutos a media altura en el horno precalentado a 180 ºC.

Crema fría de fruta

Ingredientes

2 plátanos
2 cucharadas de zumo de limón
3 cucharadas de almendra picada
50 g de azúcar
Medio vaso de zumo de piña
400 g de nata para montar

Preparación

Trituramos los plátanos, les añadimos el azúcar y los zumos.
Añadimos la nata previamente montada.
Lo batimos todo muy bien hasta que quede una crema ligera. Podemos utilizar varillas o batidora.
Lo servimos en copas frías y lo decoramos con la almendra espolvoreada por encima.
Decoramos la copa por el borde con un poco de azúcar glas con colorante líquido comestible.

Arroz con leche al estilo latino

Ingredientes

½ kg de arroz blanco
Leche condensada
Canela al gusto
1 l de leche
75 g de pasas

Preparación

Hervimos el arroz con la leche y la canela.

Añadimos la leche condensada y lo removemos. Añadimos las pasas y lo removemos suavemente. Lo cocemos a fuego lento. Después lo reservamos en un lugar fresco.

Lo servimos con canela espolvoreada por encima en una copa ancha.

Tarta de manzana con helado de coco

Ingredientes

6 manzanas
3 huevos
6 cucharadas de leche
8 cucharadas de azúcar
60 g de mantequilla
6 cucharadas de harina sin gluten
1 bote de mermelada de albaricoque

Preparación

Pelamos 5 manzanas y las troceamos.

Trituramos con la batidora la harina, las manzanas troceadas, los huevos, el azúcar, la mantequilla y la leche hasta que formen un puré.

Engrasamos un molde de horno.

Añadimos la mezcla a la fuente.

Pelamos la manzana sobrante y la cortamos en láminas muy finas para decorar la superficie de la mezcla.

La horneamos a temperatura media durante unos 45 minutos.

Derretimos dos o tres cucharadas de mermelada con una de agua en un cazo a fuego lento.

Pintamos con el almíbar la superficie de la tarta después de sacarla del horno.

La acompañamos con una bola de helado de coco y la servimos.

Nota

Podemos decorar el plato con canela espolvoreada y unas frutas de temporada.

Receta recogida por Salvador Chicharro.

Mascarpone con fresa

Ingredientes

1 yogurt natural
Mermelada de fresa
10 fresas y unas moras
1 tarrina de queso *mascarpone*
Edulcorante líquido

Preparación

Mezclamos el queso con el yogurt y añadimos un poco de edulcorante líquido. Troceamos la fruta muy finamente.

En una fuente untamos con *mascarpone* toda la base y la cubrimos con la fruta. Ponemos otra capa de queso por encima y la cubrimos con la mermelada de fresa.

Nota

Se pueden hacer tantas capas como se deseen y según la fruta de temporada.

Flan de coco

Ingredientes

2 huevos
200 g de coco rallado seco
320 cc de leche
Canela en polvo
Agua
350 g de azúcar

Preparación

Ponemos en un cazo el azúcar con un poco de agua a fuego lento hasta que tome un color caramelo (almíbar).

Calentamos la leche con unos 50 g de azúcar y todo el coco.

Batimos los huevos aparte y colocamos la leche junto a ellos. Lo batimos muy bien.

Echamos el almíbar en la base de los moldes y luego añadimos la mezcla de los huevos.

Tapamos con papel de aluminio todas las flaneras y las ponemos a hervir al baño maría.

Las reservamos en el frigorífico un par de horas. Las desmoldamos al revés para que caiga el caramelo por todo el flan.

Se sirve frío.

Tarta de queso y membrillo

Ingredientes

Como base de la tarta utilizamos la masa quebrada o de hojaldre sin gluten.

Para el relleno

250 ml de nata líquida de repostería
300 g de queso en crema
100 g de azúcar
4 yemas
1 hoja de gelatina y membrillo (utilizar el que ya está preparado)

Preparación

Batimos la nata con 50 g de azúcar. No debemos montarla del todo.

A medio montar añadimos el queso en crema y lo mezclamos ligeramente.

Aparte montamos las yemas con los 50 g de azúcar restantes (las metemos en el microondas unos segundos hasta ver que ha duplicado su volumen).

Añadimos la gelatina a la mezcla de las yemas y la removemos lentamente hasta que se disuelva la gelatina completamente y quede todo mezclado.

Le añadimos la primera mezcla y lo removemos todo muy bien.

Ponemos toda la mezcla sobre el hojaldre previamente horneado y frío.

La cubrimos con unas capas de membrillo (mejor trocearlas o cortarlas a tiras).

Churros artesanales

Ingredientes

Una pizca de sal
Un poco de aceite
2 huevos por kilo de harina
500 g a partes iguales de agua y 500 g de harina de maíz

Preparación

Juntamos el agua y la harina con la sal y los huevos.

Amasamos la mezcla muy bien y durante un rato.

Ponemos la masa en una máquina de churros o una manga con formas.

Hacemos tiras en forma de churros y los dejamos caer en la freidora o sartén con abundante aceite calentado previamente.

Los sacamos y reservamos sobre una servilleta de papel para que absorba bien todo el aceite.

Los espolvoreamos con azúcar al gusto o los bañamos en chocolate y los dejamos enfriar encima de una rejilla.

Receta recogida por José M. García.

Stollen de avellanas

Ingredientes

130 g de azúcar
200 g de mantequilla
1 sobre de levadura
Huevos pequeños o 3 de grandes
350 g de Mix Dolci de Schär

Para el relleno

Cucharadas de mermelada de albaricoque
75 g de avellanas molidas

Preparación

Tamizamos la harina sobre la superficie de trabajo. La removemos junto con el azúcar y la levadura. Lo mezclamos todo bien.

En el centro de la mezcla hacemos un agujero y agregamos los huevos y la margarina previamente ablandada.

Extendemos la masa con ayuda de un rodillo formando un rectángulo.

Añadimos la mermelada por encima utilizando una brocha o cuchara y espolvoreamos las avellanas.

Enrollamos la masa y la colocamos sobre una bandeja o fuente de horno engrasada.

Previamente, calentamos el horno a unos 180 ºC. Retiramos la masa cuando se vea que esté dorada.

Panellets navideños

Ingredientes

500 g de almendras crudas molidas
400 g de azúcar
Harina sin gluten
Margarina
300 g de patata o boniato
Ralladura de un limón

Preparación

Antes de cocer hacemos la base de la siguiente forma: hervimos las patatas o boniatos con la piel. Cuando estén blandas, las escurrimos y las pelamos. Preparamos un puré mientras estén calientes.

Dejamos enfriar el puré.

Añadimos el azúcar, la almendra y la ralladura.

Lo mezclamos todo muy bien.

Panellets de almendra: hacemos unas bolitas con la masa y las pasamos por huevo. Las rebozamos con almendra picada. La base de la bola se reboza con un poco de harina.

Panellets de chocolate: añadimos chocolate en polvo a la mezcla y hacemos bolitas del tamaño de una cuchara de café. Una vez horneadas las decoramos con azúcar glas.

Panellets de coco: hacemos bolitas y las pasamos por un huevo batido. Las rebozamos en coco rallado menos la base con la que se apoya el *panellet*, que quedará rebozada con harina solamente.

Panellets de piñones: hacemos bolitas y las pasamos por huevo batido. Rebozamos toda la bola menos la base de apoyo con piñones.

Panellets de membrillo: hacemos bolitas y las dejamos huecas por dentro. Les metemos un trozo de membrillo y las enharinamos. Los decoramos con azúcar glas por encima una vez horneados.

Receta recogida por Inmaculada Pérez.

Plátanos caramelizados

Ingredientes

3 plátanos
1 cucharada de zumo de limón
1 cucharada de aceite
1 cucharadita de canela en polvo

Para el rebozado

Harina sin gluten
1 cucharada de levadura
200 ml de agua fría

Preparación

Pelamos la fruta y la troceamos. Mezclamos el zumo con el agua y cubrimos la fruta. Lo dejamos reposar dentro del bol unos minutos para macerar.

Sacamos la fruta y la escurrimos sobre papel de cocina.

En un cazo mezclamos el aceite, el azúcar, 125 ml de agua y la canela. Lo hervimos hasta que quede almíbar.

Hacemos una mezcla con los ingredientes del rebozado: harina y levadura. Tamizamos.

En una cazuela ponemos a calentar el aceite y ponemos a freír la fruta de forma individual y previamente rebozada. Rebozamos la fruta por todos los lados hasta que quede dorada.

Introducimos la fruta en el almíbar y después en agua fría con ayuda de una cuchara grande.

Nota

Se puede caramelizar también la manzana y la pera.

Biscotti de almendra o carquinyolis

Ingredientes

170 g de maicena
90 g de harina de arroz
150 g de azúcar
3 huevos
145 g de almendras tostadas
5 g de levadura (Hacendado)
Una pizca de sal
1 cucharadita de esencia de vainilla (Vahiné)
Chocolate Nestlé para postres
1 cucharadita de chocolate Valor

Preparación

Precalentamos el horno a 180 ºC. Tostamos las almendras durante 8 ó 10 minutos, si estuviesen crudas. Las dejamos enfriar, las cortamos en trozos gruesos y las reservamos. Batimos los huevos con la esencia y reservamos. Mezclamos el azúcar, las harinas, la levadura y la sal. A la mezcla anterior incorporamos poco a poco los huevos batidos hasta conseguir una masa firme y homogénea. Por último incorporamos las almendras. Mezclamos todo el conjunto bien. En este punto, dividimos la masa en dos, y en una de ellas le incorporamos el chocolate de Nestlé en trozos grandes y una cucharadita generosa de chocolate Valor. Lo mezclamos bien hasta que incorporamos los dos chocolates. El resultado es una masa muy pegajosa que ponemos sobre el papel de horno en una fuente y le damos la forma deseada. O bien, sobre una superficie enharinada hacemos una forma de rollo rectangular con la masa.

Lo introducimos en el horno durante 30 minutos a 180 ºC. Pasado este tiempo sacamos los bizcochos y los dejamos enfriar durante 10 minutos. Los cortamos en rodajas de unos 2 centímetros. Y ponemos las rodajas en el horno durante 10 minutos. Pasado este tiempo damos la vuelta a todas las piezas y lo volvemos a cocer otros 10 minutos más. Lo sacamos del horno y lo dejamos enfriar en una rejilla. Si queda alguno, se debe de conservar bien en un recipiente hermético.

Receta recogida por Carmen Santiago.

Galletas napolitanas

Ingredientes

100 g de mantequilla
100 g de azúcar
1 huevo
3 cucharaditas colmadas de canela
120 g de harina maicena
120 g de harina de arroz
1 cucharadita de levadura
Azúcar y canela para espolvorear

Preparación

Con Thermomix:
Mezclamos la mantequilla con el azúcar, el huevo y las cucharaditas de canela 2 minutos a velocidad 3. También mezclamos la levadura con las harinas y lo agregamos a la mezcla anterior. Lo amasamos 3 minutos a velocidad Espiga. Lo dejamos enfriar en la nevera para que la masa coja cuerpo durante 20 minutos como mínimo. Estiramos la masa con un rodillo y la cortamos dándole forma. La espolvoreamos con azúcar y canela. La horneamos a 180 ºC durante 15 minutos. La dejamos enfriar.

Sin Thermomix:
Mezclamos la mantequilla con el azúcar hasta que hacemos un arenado. Incorporamos el huevo y las cucharaditas de canela. Lo mezclamos bien. Mezclamos la levadura con las harinas y las agregamos a la mezcla anterior. Lo amasamos bien hasta conseguir una masa homogénea. La dejamos reposar en la nevera durante 20 minutos. Pasado ese tiempo la estiramos con un rodillo y la cortamos dando forma a la galleta. La horneamos a 180 ºC durante 15 minutos y la dejamos enfriar.

Nota

Para hacerlas con gluten cambiar sólo las harinas: ponemos 200 g de harina de trigo.

Receta recogida por Carmen Santiago.

Mendiants

Ingredientes

Chocolate Valor al 70% (sin azúcar)
Pasas de Corinto
Avellanas
Pistachos

Preparación

Precalentamos el horno a 180 ºC.

Ponemos los pistachos y las avellanas durante 4 ó 5 minutos y los tostamos. Los dejamos enfriar. Troceamos el chocolate y lo fundimos al baño maría. El chocolate no debe de pasar de 45 ºC, si fuese así, debemos sumergir el recipiente en agua fría para cortar el calor.

Cuando el chocolate alcance los 30 ºC estará en su punto.

Lo vertemos en una manga y vamos haciendo círculos sobre un papel vegetal.

Por encima le ponemos las avellanas, las pasas y los pistachos.

En su defecto, lo que hayamos seleccionado.

Lo dejamos en un sitio fresco sin guardar en la nevera hasta que estén bien cuajados. Entonces es cuando se pueden despegar con facilidad.

Si es posible lo guardamos en algún recipiente hermético.

Nota

Existen multitud de combinaciones: desde naranja confitadas, orejones hasta todo tipo de frutos secos y frutas deshidratados.

Receta recogida por Carmen Santiago.

Masa quebrada dulce

Ingredientes

250 g de harina de repostería sin gluten
125 g de mantequilla
100 g de azúcar
1 yema de huevo
1 huevo entero
Ralladura de limón
2 cucharaditas de azúcar avainillado

Preparación

Mezclamos la harina con el azúcar, la ralladura de limón y el azúcar avainillado.

Añadimos poco a poco la mantequilla fría a trocitos. Trabajamos toda la mezcla bien para que quede como migas (desmigada).

Añadimos la yema y el huevo.

Hacemos una bola y la envolvemos con plástico transparente de cocina. La dejamos reposar en la nevera unos 20 minutos.

Receta recogida por Manuela Hidalgo.

Tatín de piña con bizcocho

Ingredientes

1 piña natural
Cerezas confitadas
Cucharadas de azúcar
1 cucharada de zumo de limón
Masa de bizcocho básico de yogurt

Preparación

Ponemos en un cazo el azúcar, el zumo y el agua. Hacemos un caramelo bien dorado sin que llegue a quemarse.

Forramos un molde de bizcocho desmontable con papel de aluminio sólo la base y un poquito más. Lo cubrimos con el caramelo y lo dejamos que quede duro. Luego ponemos la piña al gusto y en cada agujero de la rodaja de piña le ponemos una cereza.

Podemos poner la masa de bizcocho de yogurt.

Precalentamos el horno a 180 ºC y lo horneamos unos 30 minutos. Vamos pinchándolo con una aguja de punto; si sale limpia, significa que está hecho por dentro. Después sólo quedará que se dore por fuera, desmoldarlo en caliente, enfriar y servir.

Receta recogida por Manuela Hidalgo.

Virutas de chocolate

Ingredientes

200 g de chocolate al 70% de cacao
1 placa de silicona o de plástico semirrígido
1 espátula para cortar quesos

Preparación

Deshacemos el chocolate al baño maría o al microondas. Lo extendemos sobre la placa y lo dejamos enfriar. Vamos rascando el chocolate y saldrán virutitas; si no se puede, lo dejamos enfriar un poco más.

Receta recogida por Manuela Hidalgo.

Cobertura de yema

Ingredientes

150 g de azúcar
50 ml de agua
4 yemas
13 g de maicena (una cucharada sopera)

Preparación

Hervimos el agua con el azúcar unos 5 minutos.
Lo retiramos y lo dejamos templar.
Mezclamos las yemas con la maicena y le añadimos el almíbar. Lo ponemos
a fuego lento para que espese.
A continuación lo dejamos entibiar.

Receta recogida por Manuela Hidalgo.

Bizcocho de yogurt

Ingredientes

225 g de harina para repostería sin gluten
190 g de azúcar
5 huevos medianos
1 sobre de levadura
1 yogurt
Aceite de girasol (medio vaso de yogurt)
Raspadura de limón o esencia de limón

Preparación

Separamos las yemas de las claras y éstas las montamos a punto de nieve fuerte con una pizca de sal y las reservamos.

A continuación, montamos las yemas con el azúcar batiendo como mínimo unos 8 ó 10 minutos con varillas eléctricas. Luego le añadimos el yogurt, el aceite y el aroma elegido mezclándolo poco a poco y agregándole, a continuación, la levadura y la harina que previamente habremos tamizado.

Lo mezclamos todo con las varillas eléctricas y le incorporamos las claras removiéndolo todo con la espátula con movimientos envolventes.

Colocamos la mezcla en el molde deseado forrado previamente con papel de horno.

Lo hornearemos a 180 ºC durante unos 25 minutos con calor por arriba y por abajo.

Receta recogida por Manuela Hidalgo.

Tarta Misisipí

Ingredientes

Para la masa (forrar el molde)

250 g de harina de repostería
sin gluten
125 g de mantequilla
100 g de azúcar
1 yema
1 huevo entero
Ralladura de medio limón
2 cucharaditas de azúcar
avainillado
2 cucharadas soperas de cacao
en polvo sin azúcar y sin
gluten

Para la elaboración del relleno

250 g de azúcar moreno
175 g de mantequilla
45 huevos (batidos)
4 cucharadas de cacao en polvo sin
azúcar y sin gluten tamizado

Para decorar

500 ml de nata montada espesa
Virutas de chocolate
150 g de chocolate negro al 70%
300 ml de nata líquida para montar

Preparación

Para elaborar la masa primero mezclamos la levadura, el azúcar, el cacao, la ralladura, el avainillado y se va incorporando a trocitos la mantequilla.

Trabajamos bien la mezcla y la reducimos a migas (desmigado). A continuación añadimos la yema y el huevo entero y la trabajamos hasta que todo esté bien ligado. Hacemos una bola y la guardamos en la nevera envuelta en plástico transparente durante unos 20 minutos. Ponemos un molde desmontable de unos 28 cm y unos 3 cm de alto y extendemos bien la masa y la horneamos durante 15 minutos a 180 ºC (para que no suba se le puede poner papel de horno encima y meterle peso con garbanzos). Transcurrido este tiempo la sacamos del horno y la dejamos enfriar.

Y para el relleno batimos la mantequilla que estará a temperatura ambiente con el azúcar en un bol y añadimos poco a poco los huevos y el cacao ya tamizados.

Vertimos la mezcla sobre la masa, bajamos la temperatura del horno a 160 ºC y horneamos la tarta unos 45 minutos hasta que al pincharla con una aguja larga salga limpia. La dejamos enfriar.

Una vez fría la tarta la decoramos con la nata y las virutitas de chocolate.

Receta recogida por Manuela Hidalgo.

Tarta de queso con masa quebrada y gelatina de arándanos

Ingredientes

Masa quebrada según la receta base
500 g de queso fresco y cremoso
60 g de harina de repostería sin gluten
100 g de azúcar
5 huevos
50 g de pasas de Corinto
Ralladura de un limón
Cucharadas de mermelada de arándanos o de otro gusto
½ vaso de agua
½ vaso de ron de caña (optativo) para remojar las pasas
1 sobre de gelatina Agar-Agar

Preparación

Forramos un molde para tarta desmontable, sólo la base, ya que en los laterales ponemos mantequilla y enharinamos. Extendemos la masa y ponemos papel de horno y garbanzos para que la masa no suba. Precalentamos el horno a 180 ºC unos 15 minutos y ponemos la tarta dentro. La sacamos, le quitamos el papel y los garbanzos y la horneamos otra vez unos 10 minutos. Transcurrido este tiempo la sacamos y la reservamos. Ponemos las pasas en remojo con el ron caliente.

Hacemos el relleno en un bol con el queso y las 5 yemas de huevo, la harina, el azúcar, la ralladura y las pasas ya remojadas y escurridas. Batimos 3 claras a punto de nieve y las añadimos a la mezcla de queso con movimientos envolventes, lo ponemos en el molde y lo cocemos en el horno unos 30 minutos. Lo sacamos y lo dejamos enfriar. Hacemos la gelatina poniendo en un cazo la mermelada junto con el agua y lo llevamos a la ebullición unos 3 minutos. Lo colamos y lo exprimimos bien, lo ponemos de nuevo en el cazo. Disolvemos la gelatina y la añadimos a la mermelada. La hervimos unos minutos y la dejamos entibiar un poco sin que llegue a cuajar, la extendemos sobre la tarta dejándola bien cubierta y la metemos en la nevera para que se enfríe. La desmoldamos y la servimos.

Receta recogida por Manuela Hidalgo.

Tarta de limón y merengue

Ingredientes

Para la masa quebrada dulce

300 ml de azúcar
150 ml de zumo de limón
85 g de azúcar glas
50 g de mantequilla
3 cucharadas soperas de harina fina de maíz (maicena)
3 yemas de huevo

Preparación

Engrasamos y forramos la base de un molde desmontable de 28 cm de diámetro y más de 3 cm de alto, y extendemos la masa por todo el molde. Lo metemos en la nevera unos 30 minutos.

Forramos la base de la masa con papel de horno y le ponemos unos garbanzos por encima. La horneamos unos 15 minutos (precalentado) a 200 ºC, retiramos los garbanzos junto con el papel y la horneamos unos 10 minutos más. La sacamos y bajamos la temperatura del horno a 150 ºC, la reservamos y hacemos el relleno. En un cazo ponemos la harina de maíz, el azúcar y la ralladura de limón. Lo disolvemos con un poco de agua, agregamos el resto del agua y el zumo de limón. Ponemos la mezcla a fuego medio hasta que llegue a la ebullición sin dejar de remover.

La mezclamos a fuego lento un minuto hasta que quede suave y reluciente. La retiramos del fuego y la dejamos enfriar unos minutos. Ponemos las yemas de una en una sin dejar de batir y después ponemos la mantequilla. Lo mezclamos todo bien y ponemos el cazo en agua fría para enfriar bien la crema. Luego ponemos en la base la masa que ya estará fría.

Para hacer el merengue utilizaremos 3 claras y 175 g de azúcar glas que se irá incorporando poco a poco hasta que quede bien firme para cubrir toda la tarta.

Cubrimos la tarta con el merengue y el azúcar moreno al gusto. La metemos a hornear unos 20 minutos hasta que el merengue esté crujiente y un poco dorado por encima.

La dejamos enfriar antes de servir.

Receta recogida por Manuela Hidalgo.

Cremas

Crema pastelera para el relleno

Ingredientes

½ l de leche
4 yemas
1 rama de canela
La cáscara de medio limón
50 g de maicena o de harina de maíz
50 g de mantequilla

Preparación

Ponemos la leche en un cazo (menos de 5 cucharadas), la canela y la cáscara de limón. Lo dejamos hervir unos minutos a fuego lento y retiramos la canela y la cáscara. En un bol ponemos las yemas y el azúcar. Lo mezclamos bien y añadimos la maicena.

Unimos toda la mezcla ligeramente y añadimos la leche sobrante. Lo juntamos todo en el cazo y lo removemos con unas varillas manuales. Lo dejamos cocer unos 3 minutos y lo retiramos del fuego. Añadimos la mantequilla. Lo reservamos.

Crema de fresa

Ingredientes

150 g de fresas
500 ml de nata para montar
4 cucharaditas de azúcar

Preparación

Trituramos las fresas con un poco de azúcar y cuando estén trituradas las colocamos en un bol.

Montamos la nata y la mezclamos con las fresas lentamente.

Servimos la crema en copas que podemos decorar con una hoja de menta.

Crema de café

Ingredientes

1 lata de leche condensada
1 lata de whisky (la medida de la lata de leche)
1 cucharadita de café instantáneo
1 cucharadita de cacao en polvo

Preparación

Disolvemos el café en el whisky.

Ponemos todos los ingredientes juntos y los mezclamos hasta que quede todo bien ligado (se puede utilizar una batidora).

Lo ponemos una media hora en el frigorífico antes de utilizar o ya puesto en la misma tarta.

Crema de leche y nata

Ingredientes

½ l de leche
1 cucharadita de canela en polvo
125 g de azúcar
2 dl de nata

Preparación

En un cazo ponemos a fuego lento la leche y la cucharadita de canela en polvo y lo dejamos cocer durante 30 minutos. Lo vamos removiendo.

Incorporamos unos 100 g de azúcar poco a poco sin dejar de remover y dejamos seguir la cocción durante unos minutos más.

Repartimos la crema en unas copas anchas y ponemos encima unas cucharadas de nata (previamente montada con el resto del azúcar) y lo espolvoreamos por encima con canela en polvo.

Podemos añadir unas nueces o almendras picadas a la crema.

Montse Deza Pérez

Crema de limón

Ingredientes

15 cucharadas de zumo de limón
2 huevos
Ralladura de 4 limones
220 g de azúcar
400 g de mantequilla

Preparación

Mezclamos las ralladuras y el azúcar en un bol, añadimos el zumo de limón y los dos huevos. Lo batimos. Colocamos el bol al baño maría y lo continuamos mezclando hasta que la mezcla espese. Retiramos la cazuela del fuego y vamos introduciendo la mezcla en una batidora y añadimos la mantequilla a trocitos sin dejar de batir. Vertimos la crema en pequeños cuencos. Lo dejamos reposar a temperatura ambiente unas horas.

La podemos comer directamente o servirla como relleno de tartas. Puede hacerse también de naranja en vez de limón.

Crema *mascarpone*

Ingredientes

2 huevos
160 g de azúcar
200 g de nata de repostería (montada)
400 g de queso *mascarpone*

Preparación

Mezclamos los huevos con el azúcar. Añadimos el *mascarpone* y lo mezclamos hasta que quede la crema ligera.

Incorporamos lentamente la nata montada y la mezclamos sin batir.

Se puede poner en pequeños cuencos y al frigorífico unas horas o servirla decorada con un poco de cacao en polvo.

Crema de moka

Ingredientes

2 tazas de crema líquida fresca para batir
1 cucharita de café en polvo
1 cucharada de cacao en polvo
3 cucharadas de azúcar

Preparación

Lo mezclamos todo y lo batimos con ayuda de la batidora o con varillas.
Lo tapamos y reservamos en un lugar frío unas horas.

Crema de chocolate

Ingredientes

500 ml de leche
Yemas de huevo
75 g de azúcar
250 g de chocolate negro puro
200 ml de nata líquida para repostería

Preparación

Hervimos el chocolate a trocitos pequeños.
En un bol aparte mezclamos las yemas con el azúcar para obtener una crema. Vamos añadiendo a la mezcla anterior la leche poco a poco.
Montamos la nata muy bien y la añadimos a la crema de chocolate sin parar de remover.
Lo mezclamos y lo calentamos removiendo lentamente.
Servimos la crema fría.

Crema tostada para cubrir

Ingredientes

Caramelo líquido ya hecho (o lo hacemos)
¾ de l de leche
Cucharadas de azúcar
1 cucharada de maicena
Cucharadas de mantequilla
Yemas

Preparación

Ponemos en un cazo el azúcar removiendo constantemente. Cuando se derrita y coja color añadimos la leche previamente hervida y lo mezclamos muy bien. Aparte batimos las yemas con el azúcar y la maicena. Lo añadimos a la mezcla anterior (estando aún a fuego lento) y vamos removiendo para que se mezcle todo bien. Cuando se vea que la crema está homogénea la retiramos del fuego y la echamos en un bol que resista el calor. Añadimos la mantequilla a trocitos y la removemos hasta que todo quede bien mezclado. Podemos utilizar varillas si se desea.

Crema inglesa

Ingredientes

1 vaina de vainilla
2 yemas de huevo
2 cucharadas de azúcar
¾ de l de leche

Preparación

Hervimos la vainilla con la leche. Aparte batimos el azúcar con las yemas y vamos incorporando la leche hirviendo poco a poco y removiendo la mezcla. Tenemos que removerlo a fuego lento para que se deshagan bien los ingredientes. Reservamos y servimos la crema sobre lo que se desee. Es ideal como acompañamiento de fruta o como relleno de tartas.

Crema de mantequilla

Ingredientes

175 g de mantequilla
50 g de azúcar glas
2 yemas de huevo
1 cucharada de extracto de vainilla

Preparación

Ablandamos la mantequilla y la ponemos en un bol para batir con la batidora. Añadimos el azúcar glas tamizado y vamos añadiendo lentamente las yemas y la vainilla.

Lo removemos lentamente.

Usamos la batidora durante unos minutos para que quede todo bien mezclado.

Reservamos la crema en un lugar frío.

Especial infantil

La enfermedad celíaca en los más pequeños

Primero debemos saber que el niño tiene que salir de casa con su problema bien explicado y sin ocultar nada, necesita toda la información posible para poder enfrentarla solo. Es labor de los padres el que el pequeño asuma su patología e intente controlarla desde el principio.

Como directora de tiempo libre en escuelas y *casales* sé que muchos niños celíacos se esconden para comer y así no ser etiquetados por sus compañeros por ser diferentes.

Aunque hay edades en las que los niños son muy crueles con los compañeros, hemos de decir que cuando se les explica bien las cosas aprenden rápidamente. Es deber de los tutores y monitores del comedor plantear el tema como si fuese una cosa habitual.

Hay que plantear dinámicas grupales relacionadas con el tema e integrarlo a la vida diaria del colegio. El colegio se tiene que preocupar de que cuando haya una fiesta o una excursión se disponga de productos sin gluten para los celíacos. También es recomendable (y lo exige la ley de comedores de colegios) crear un menú diferente para ellos y vigilar que no coman de los platos de sus compañeros. Además es misión de los padres informar al colegio del problema para que tomen las precauciones pertinentes.

El gluten deberán evitarlo no sólo de forma directa sino en la llamada "contaminación cruzada" ya que al sentarse al lado de otros compañeros en el comedor se podrían transferir partículas indigestas para el celíaco.

Es frecuente entre los celíacos de 9 a 24 meses náuseas, vómitos, diarreas, pérdida de masa muscular y de peso, fallo de crecimiento. Después de los 3 años los síntomas suelen cambiar.

Desde la Asociación de Celíacos de Madrid han creado una publicación, *El niño celíaco en el colegio,* que facilita a los solicitantes dicha información.

Montse Deza Pérez

Galletas caseras

Ingredientes

400 g de harina
160 g de azúcar
3 huevos
150 g de mantequilla
Un chorrito de leche (como medida un vaso de chupito)

Para decorar

Chocolate para decorar
Virutas de chocolate de colores
Coco rallado
Lacasitos
Almendra picada

Preparación

Ponemos en un bol la harina, el azúcar, los huevos, la leche y la mantequilla y lo batimos todo, primero con un tenedor hasta que se forme una masa homogénea.

Luego espolvoreamos con harina una superficie plana.

Amasamos la mezcla con las manos hasta que no nos quede nada pegado en los dedos (vamos añadiendo harina suficiente).

Cuando tengamos el ancho deseado la cortamos con moldes o con la boca de un vaso, incluso con un cuchillo dando forma a la masa.

Preparamos la fuente del horno y la horneamos unos 10 minutos a 180 ºC (según la potencia de cada horno).

La sacamos y ponemos en la fuente otra tira de masa.

Nota

Es mejor decorar las galletas antes de entrar al horno e ir vigilando que no se quemen o doren demasiado. Tampoco hace falta hornear a 10 minutos si lo vamos controlando.

Manzanas con caramelo

Ingredientes

4 manzanas
220 g de azúcar
Colorante líquido rojo o verde
100 ml de agua de botella
25 g de mantequilla

Preparación

Limpiamos las manzanas: les quitamos el rabito, las lavamos, las secamos y las clavamos en un palo de brocheta.

Ponemos azúcar en un cazo y dejamos que se haga el caramelo a fuego suave. Añadimos la mantequilla y la llevamos a la ebullición.

Retiramos la mezcla del fuego cuando adquiera un tono dorado y le añadimos unas gotas de colorante.

Removemos la mezcla suavemente y bañamos las manzanas en el caramelo. Colocamos las manzanas sobre papel de forrar moldes o una lámina de silicona y dejamos enfriar y endurecer el caramelo.

Las envolvemos individualmente con algún tipo de plástico de cocina.

Montse Deza Pérez

Compota de frutas

Ingredientes

5 manzanas
5 peras
Zumo de 1 limón
10 cucharadas de agua
1 ramita de vainilla

Preparación

Pelamos la fruta y la troceamos.
Sacamos los corazones del interior.
Introducimos todos los trozos juntos en una cazuela honda junto el agua y una ramita de vainilla.
Cuando empiecen a verse unas burbujas que salen de la mezcla la dejamos hervir durante unos 15 minutos más (mejor tapado).
Retiramos la mezcla del fuego.
Añadimos el zumo y lo removemos ligeramente.
Reservamos.
Acompañamos la compota con lo que se desee o incluso la ponemos en unas copas y la decoramos al gusto de cada comensal.

Bolitas de coco rebozadas con chocolate de colores

Ingredientes

120 g de coco rallado
5 cucharadas de leche condensada
Leche
Virutas de chocolate de colores o negras

Preparación

Mezclamos en un bol el coco rallado y la leche. Lo dejamos reposar una hora.

Escurrimos la leche y mezclamos el coco con la leche condensada.

Lo reservamos en el frigorífico durante 1 hora.

Sacamos la masa resultante y hacemos bolitas del tamaño que se desee.

Rebozamos las bolitas con coco o con las virutas de chocolate.

Las servimos frías.

Bollitos dulces

Ingredientes

250 g de harina (para este caso recomendamos Adpan)
50 g de azúcar
Aceite
1 huevo grande
100 g de leche
20 g de levadura sin gluten

Preparación

Mezclamos todos los ingredientes menos la harina en un bol hondo y lo vamos removiendo lentamente.

La harina se va añadiendo poco a poco a la mezcla mientras se va amasando.

Tapamos la masa y la dejamos crecer durante una hora (tiene que duplicar su tamaño original).

Separamos la masa formando unos bollitos del tamaño que se desee.

Ponemos los bollitos sobre la bandeja del horno que previamente se habrá calentado a unos 170 ºC.

Los cocemos durante unos 30 minutos (vamos mirando que se doren).

Se pueden decorar espolvoreando un poco de azúcar glas o algún jarabe de azúcar.

Tarta de galletas con chocolate

Ingredientes

1 paquete de galletas del tipo maría doradas o tostadas (sin gluten)
400 g de chocolate de cobertura
¼ de l de leche
¼ de kg de mantequilla
200 g de azúcar
1 vaso de leche
Crema pastelera (ver las recetas de cremas)

Preparación

Ponemos un bol al baño maría con el chocolate troceado, añadimos un poco de mantequilla y lo vamos removiendo lentamente.

En otro bol ponemos la mantequilla con el azúcar hasta conseguir una crema suave.

En un plato hondo echamos la leche y remojamos las galletas.

Las superponemos una encima de otra hasta formar una capa y vamos vertiendo entre ellas un poco de la mezcla hasta que se desee (nos ayudamos con una lengua pastelera para untar).

Las colocamos en una fuente echando por encima la cobertura de chocolate.

Una vez frías se cortan como si fuesen un pastel.

Receta recogida por Álex García.

Montse Deza Pérez

Bombones

Ingredientes

1 tableta de chocolate blanco
Avellanas, pistachos o almendras
Colorante alimenticio (según el gusto)
Moldes pequeños de plástico (cubitos de hielo)

Preparación

Derretimos las tabletas de chocolate en el microondas o a fuego muy lento y vamos removiendo.

Ponemos una gota de colorante alimenticio en cada hueco donde vaya el bombón (del color deseado).

Vertimos el chocolate ya líquido en el molde.

Añadimos una avellana en el interior (no en todos, según el gusto de cada uno); también se puede añadir un pistacho o una almendra.

Vertimos el resto de chocolate hasta llenar el molde.

Limpiamos los rebordes de los moldes para que no quede chocolate esparcido fuera de su sitio.

Los metemos en la nevera una hora.

Desmoldamos.

Galletas de chocolate y coco

Ingredientes

250 g de coco rallado
250 g de azúcar
3 huevos enteros

Preparación

Mezclamos el coco rallado con el azúcar y los huevos.
Lo mezclamos mejor con las manos.
Hacemos un tipo de minitortitas.
Las metemos en el horno precalentado a 180 ºC.
Las horneamos durante unos minutos.
Untamos cada galleta con crema de coco, Nutella o chocolate líquido y les espolvoreamos coco seco rallado.
Las servimos.

Receta recogida por Montse Deza.

Barritas nutritivas de avellanas

Ingredientes

250 g de Mix A Schär
130 g de mantequilla
3 yemas de huevo
Azúcar en polvo (tamaño de un sobre de levadura)
80 g de avellanas picadas
130 g de chocolate
3 claras de huevo
Almendras picadas

Preparación

Batimos la mantequilla con las yemas hasta formar una mezcla espumosa e incorporamos el Mix A Schär, el azúcar, las almendras y los trocitos de chocolate (negro o blanco).

Batimos las claras a punto de nieve y las incorporamos a la masa.

Extendemos la masa sobre una bandeja para el horno forrada o engrasada.

La espolvoreamos con las almendras picadas.

La horneamos a unos 180 ºC hasta ver que está hecha. Cortamos la masa en forma de barritas una vez enfriada.

Bizcocho de coco y chocolate

Ingredientes

200 g de harina sin gluten
75 g de coco rallado
125 g de chocolate
25 g de mantequilla
4 huevos
½ sobre de levadura
180 g de azúcar
50 g de leche
Una pizca de sal

Preparación

Precalentamos el horno a 180 ºC con un molde forrado.
Fundimos el chocolate con la mantequilla hasta que se convierta en una crema ligera.
Separamos las yemas y las claras.
Montamos las yemas con el azúcar (batiendo con las varillas).
Añadimos el aceite, la leche, la harina y la levadura.
Lo mezclamos.
Montamos las claras con una pizca de sal.
Separamos la masa en dos cuencos: a uno le agregamos coco y al otro el chocolate fundido.
Vertemos la masa de chocolate en el molde y la dejamos enfriar en el frigorífico unos 15 minutos.
Vertemos la masa del coco y la introducimos en el horno.
La horneamos durante unos 50 minutos (según el tipo de horno).

Receta recogida por Montse Deza.

Perritos de chocolate

Ingredientes

250 g de chocolate Nestlé
250 g de galletas del tipo maría
125 g de almendras, nueces o avellanas
125 g de mantequilla
200 ml de nata
Pistachos troceados para decorar

Preparación

Ponemos a calentar la nata en un cazo.

Troceamos las galletas a trocitos y los frutos secos.

Mezclamos el chocolate y la mantequilla derretidos, y los mezclamos con la nata.

Añadimos las galletas troceadas y también los frutos secos (menos los pistachos).

Lo removemos lentamente y lo retiramos del fuego.

Ponemos una lámina doble de film transparente sobre la encimera. Enrollamos poco a poco la masa hasta que vaya cogiendo forma de rollo (los hacemos de forma individual).

Les clavamos un palo del tipo de brocheta.

Los rebozamos con pistachos y almendras picados.

Envolvemos cada brocheta con papel aluminio y las reservamos en el frigorífico durante 8 horas.

Las servimos en frío.

Arroz inflado al chocolate

Ingredientes

300 g de chocolate blanco
300 g de chocolate negro o con leche
Arroz inflado

Preparación

Derretimos por separado los dos tipos de chocolate.
Sobre papel de hornear colocamos montoncitos de arroz un poco dispersos.
Echamos sobre cada montoncito chocolate del gusto que se prefiera.
Esperamos que se enfríe (vamos tocando la mezcla).
Los retiramos del papel con ayuda de una espátula.
Los servimos en el recipiente que se desee.

Nota

Se puede hacer con cualquier condimento que no sea arroz: almendra picada, piñones, pistachos, etc.

Montse Deza Pérez

Trufitas

Ingredientes

200 g de chocolate negro
250 ml de nata líquida de repostería
50 g de mantequilla
Cacao en polvo
Azúcar glas para decorar, coco rallado o virutas de chocolate

Preparación

Hacemos una crema ligera con el chocolate y la nata líquida: deshacemos el chocolate y luego añadimos la nata y lo removemos hasta que hierva un poco.

Añadimos la mantequilla a la mezcla.

La reservamos fuera de la nevera.

Introducimos la mezcla unas 3 horas en la nevera.

Sacamos la bandeja o el bol con la mezcla fría y hacemos formas de bolitas con la mano o con ayuda de una cuchara.

Las rebozamos con el cacao en polvo.

Las decoramos con el azúcar glas o el coco rallado. Las podemos servir acompañadas de una crema líquida alrededor.

Galletas sonrientes

Ingredientes

200 g de harina maicena
100 g de harina de arroz
125 g de mantequilla
120 g de azúcar
1 huevo
1 cucharadita de esencia de limón
Lacasitos

Preparación

Partimos la mantequilla a cuadraditos y la mezclamos con las harinas.
Cuando tengamos como un "arenado", añadimos el azúcar.
Lo mezclamos bien.
Añadimos el huevo batido y la cucharadita de esencia de limón.
Lo movemos hasta que hagamos una masa homogénea.
Lo cubrimos con un papel transparente y lo reservamos en la nevera.
Dejamos la masa una hora aproximadamente.
Pasado ese tiempo, estiramos la masa con un rodillo y le damos forma.
La decoramos con los Lacasitos y le hacemos las sonrisas.
Las horneamos a 175 ºC durante 10 minutos.
Las dejamos enfriar.

Receta recogida por Storch.

Petisú-Mix de Natur Improver

Ingredientes

250 g de Petisú-Mix
250 ml de agua caliente (55-65 ºC)

Preparación

Mezclamos en la batidora con pala el Petisú-Mix con agua caliente de 3 a 5 minutos hasta conseguir una masa fina. Traspasamos la masa a una manga pastelera y la aplicamos sobre papel de hornear o directamente sobre la lata untada con un poco de aceite. La horneamos durante 20-25 minutos a 230 ºC. La dejamos enfriar y la rellenamos.

Relleno de trufa (trufa-mix)

Ingredientes

100 g de preparado de trufa
500 ml de nata líquida
100 g de azúcar opcional

Preparación

Mezclamos el preparado junto con el azúcar. Lo añadimos sobre la nata líquida y la montamos con varillas a velocidad rápida.

Manzanas asadas

Ingredientes

4 manzanas
50 g de azúcar
2 cucharaditas de canela en polvo
Zumo de un limón

Preparación

Precalentamos el horno a 180 ºC.

Mezclamos el azúcar, la canela y el zumo de limón en un bol.

Lavamos las manzanas y las cortamos en rodajas gruesas. Mojamos las rodajas con la mezcla de zumo anterior.

Forramos una fuente de horno y colocamos encima las rodajas de manzana y les repartimos por encima el zumo sobrante.

Las horneamos durante 25 minutos (el tiempo de horneado depende del tamaño de las manzanas).

Podemos poner el grill para que se doren un poco.

Guirlache de almendras

Ingredientes

½ kg de azúcar
½ kg de almendras (puede hacerse con piñones)
Zumo de medio limón
Gotas de anís (al gusto)

Preparación

Ponemos el azúcar junto con el zumo de limón en un cazo a fuego lento sin dejar de remover hasta que se derrita el azúcar.

Añadimos las almendras picadas y las gotas de anís.

Envolvemos la mezcla muy rápidamente hasta unirla bien.

Echamos la masa sobre una piedra de mármol untada ligeramente de mantequilla.

Extendemos la mezcla con el rodillo untado también de mantequilla hasta dejarlo a la medida de grosor que se desee.

Cortamos la mezcla a trozos regulares antes de que quede completamente fría.

Galletas de mantequilla

Ingredientes (para unas 40 galletas grandes)

250 g de mantequilla a temperatura ambiente
250 g de azúcar glas tamizado
1 huevo grande a temperatura ambiente
650 g harina tamizada de maíz
1 chorrito de leche para ligar la masa

Preparación

Batimos la mantequilla a velocidad media/alta durante por lo menos 1 minuto. Paramos la máquina y bajamos con una espátula lo que haya en las paredes y haya quedado en la pala y batimos a la misma velocidad durante otro minuto.

Cuando la mantequilla tenga una textura suave, bajaremos la velocidad e iremos incorporando el azúcar tamizado a cucharadas. El azúcar tardará en integrarse totalmente. Cuando lo haga, volvemos a velocidad media/alta.

El batido no deberá durar más de tres minutos. Pasado este tiempo la mantequilla habrá blanqueado, aumentado ligeramente su volumen, y tendrá una textura esponjosa. Pararemos la máquina y le añadiremos el sabor deseado, así como el huevo ligeramente batido muy poco a poco, y batiremos a velocidad baja hasta que esté integrado. Si conviene pararemos la máquina para bajar lo que haya quedado en las paredes.

Empezaremos a añadir la harina a cucharadas, a la velocidad más baja posible y de la misma manera que incorporamos el azúcar, sin parar la máquina. Cuando estemos llegando casi al final de la harina, la masa comenzará a desmigarse. En este momento incorporaremos un chorrito de leche (si no hace falta no le pongáis nada de leche, depende de la harina de maíz que utilicemos) y batiremos de nuevo hasta que se haya ligado la masa, formando una bola y se haya despegado de las paredes del bol. Si nos pasamos con la leche y nos queda muy húmeda le echamos un poco más de harina, pero lo mejor es ir echando la leche muy poco a poco.

Cuando ya tengamos la masa haremos una bola y la partiremos en cuatro partes, cada una de las partes la estiraremos consiguiendo el grosor que queramos. Lo taparemos con film y lo dejaremos en la nevera un mínimo de dos horas o en el congelador, así lo haremos también con los trozos de masa restantes. (Si no vamos a gastar la masa el mismo día por cualquier motivo la podéis dejar en el congelador y gastarla otro día, aunque recién hecha está mejor.)

Cuando ya haya pasado el tiempo, retiraremos el papel film y utilizaremos los cortantes de galleta que queramos. Una vez cortadas las galletas las pondremos en una bandeja de horno precalentado y las hornearemos a 180 ºC hasta que veamos que empiezan a colorearse. Éste es el momento en el que las galletas ya están listas para sacar del horno. Después las dejaremos enfriar en una rejilla durante una hora.

Nota

Si queremos guardar las galletas os aconsejamos que lo hagáis en una caja metálica, de cristal o plástico porque así no les entrará humedad. Preferiblemente aconsejamos que os comáis las galletas cuando estén más recién hechas, pero este tipo de galletas bien guardadas duran hasta dos meses.

Receta recogida por L'emadelheine.

Káber Elluz o bola de almendra

Ingredientes

200 g de almendra molida
75 g de azúcar
25 g de azúcar avainillado
5 cucharadas de agua
Colorante rojo
Colorante verde

Preparación

Hacemos un almíbar con el azúcar, el azúcar avainillado y el agua.

Una vez hecho el almíbar, incorporamos las almendras molidas. El resultado es una masa muy pegajosa, pero trabajándola se vuelve consistente.

Cuando se haya conseguido hacemos una bola y la partimos en tres partes iguales. Dejamos una parte de su mismo color. Ponemos colorante rojo a otra (no mucho para que quede rosa). Y la restante con colorante verde.

Hacemos tres churros con cada una de las masas.

Y ahora hacemos una trenza con los tres churros de masa.

Una vez hecha la trenza, cortamos trocitos de 15 g cada uno. Cada trozo cortado lo hacemos rodar entre las palmas de las manos hasta obtener así bolitas de colores. Las decoramos con azúcar blanco.

Las servimos.

Receta recogida por Carmen Santiago.

Tarta de almendra casera

Ingredientes

120 g de almendra
120 g de azúcar
90 g de mantequilla ablandada
2 huevos
15 g de maicena
2 planchas de hojaldre
Almendras fileteadas
1 cucharada de azúcar moreno
Azúcar glas para decorar

Preparación

Molemos el azúcar con la almendra.

Añadimos la mantequilla en pomada y lo mezclamos bien todo.

Añadimos un huevo batido y la maicena.

Extendemos la masa de hojaldre sobre una superficie ligeramente enharinada y la pinchamos por toda la superficie con un tenedor.

Ponemos sobre el hojaldre la crema de almendras y la repartimos bien (uno de los bordes lo dejamos sin untar).

Pintamos el borde que se ha quedado solo con huevo batido y lo cubrimos con la otra plancha de hojaldre también trabajada como la otra.

Sellamos los laterales de las dos placas para que no salga nada.

Pintamos la superficie con huevo batido y ponemos la almendra (podemos espolvorear azúcar moreno por encima).

Lo horneamos a 200 ºC durante 40 minutos (vigilamos que el hojaldre esté tostado o dorado). Lo reservamos. Lo decoramos con azúcar glas.

Receta recogida por Storch.

Pastel frío de plátano

Ingredientes

4 plátanos
120 g de mantequilla
200 g de azúcar
80 g de agua
Rodajas de plátano para decorar
Chocolate líquido para decorar
Piñones (al gusto)

Preparación

Trituramos los plátanos de la forma que se quiera.

Añadimos en un cazo los plátanos triturados y la mantequilla (blanda), el azúcar y el agua. Lo batimos repetidamente a fuego lento.

Retiramos la mezcla espesa del fuego y la echamos en una flanera o molde.

La introducimos en el frigorífico durante unas horas.

Servimos el pastel frío con alguna fruta troceada de acompañamiento y unas rodajas de plátano sobre cada trozo a repartir.

Añadimos un chorrito de chocolate líquido sobre cada porción.

Nota

Si se desea se puede añadir a la mezcla unos piñones salteados para que queden en el interior y darle un toque de sabor más intenso.

 Montse Deza Pérez

Pastas *sablé*

Ingredientes

150 g de maicena
100 g de harina de arroz
150 g de mantequilla, ablandada y cortada a dados
80 g de azúcar
1 huevo
1 cuchara sopera de leche fría

Preparación

Ponemos en un bol la mantequilla, el huevo y el azúcar. Lo amasamos.

Poco a poco vamos añadiendo las harinas y las vamos amasando con cuidado hasta que la mezcla adquiera una textura granulada.

Añadimos la leche poco a poco y lo mezclamos hasta que la masa se una.

Con la mano, amasamos la mezcla hasta que quede firme.

Formamos una bola, la envolvemos en film transparente y la refrigeramos como mínimo 1 hora.

Metemos la masa en una manga pastelera y le damos la forma deseada.

La decoramos.

La dejamos cocer a 180 ºC hasta que esté dorada.

La servimos.

Receta recogida por Carmen Santiago.

Pastel a los 3 chocolates

Ingredientes

9 hojas de gelatina sin gluten
250 g de chocolate negro
250 g de chocolate blanco
250 g de chocolate con leche
750 ml de leche
750 ml de nata para montar
1 paquete de galletas sin gluten (del tipo maría)
Mantequilla
100 g de azúcar

Preparación

Trituramos o desmigamos las galletas.

Derretimos la mantequilla en el microondas (más rápido).

Añadimos a la galleta molida la mantequilla hasta formar una masa tipo pomada que se pueda manipular.

Ésta será la base que pondremos en un molde desmontable y presionaremos para poder hacer una capa de medio centímetro.

La metemos en la nevera para que enfriada coja consistencia.

Aparte en un cazo al fuego pondremos 250 ml de la nata y 250 ml de la leche. También pondremos el chocolate negro y 50 g de azúcar. Dejaremos que se funda el chocolate y cuando empiece a hervir iremos añadiendo 3 gelatinas previamente en remojo. Lo removemos hasta espesar.

Lo apartamos del fuego unos segundos para dejar que se entibie y se vierta sobre la capa de galletas. Después, se pondrá otra vez en la nevera para enfriar la capa de chocolate.

Igual que esta acción se hará lo mismo con el chocolate con leche, quedando dos capas en la nevera. Con la capa del tercer chocolate, el blanco, se hará lo mismo pero sin añadir azúcar.

Cuando esté toda la tarta fría decoramos la primera capa superior con virutas de chocolate o perlas de colores comestibles.

Lo dejamos reposar en la nevera unas 5 horas antes de comerlo.

Receta recogida por Patricia Cano y Cristina Cano.

Tarta fresca de galleta y fresa

Ingredientes

200 g de galletas sin gluten (del tipo maría)
100 g de mantequilla blanda
¼ de kg de fresones
150 g de azúcar
6 hojas de gelatina normal
¼ de l de leche
¼ de l de nata montada
100 g de chocolate negro puro de cobertura
Coco rallado al gusto
4 yemas de huevo

Preparación

Deshacemos la mantequilla en el microondas con ayuda de un bol. Picamos las galletas con ayuda de un mortero o un cuchillo. Vamos mezclando las galletas picadas con la mantequilla poco a poco hasta que quede una pasta homogénea y la pondremos en un molde de pastel como base estirada. Metemos el molde en la nevera durante una hora para que la mezcla quede consistente. Lavamos y limpiamos los fresones y los trituramos. Añadimos 25 g del azúcar total. En un cazo aparte mezclamos 125 g de azúcar restante y 4 yemas de huevo. Lo batiremos hasta conseguir una mezcla espumosa. Agregamos la leche y pondremos la mezcla a fuego lento sin dejar de remover. Retiramos dicha mezcla antes de llegar a la ebullición. Aparte pondremos 6 hojas de gelatina en remojo (10 minutos), las escurrimos y las incorporamos a la mezcla caliente anterior. Lo removemos hasta que se disuelva todo junto. Lo dejaremos enfriar mientras removemos de vez en cuando para que no se pegue al cazo mientras se va enfriando. Cuando veamos que empieza a cuajar agregaremos el puré de fresones a la mezcla anterior. También añadiremos la nata montada mientras se mezcla lentamente (sin batir), así la nata no perderá su volumen. Lo verteremos todo sobre la masa de galletas que hay en el molde de la nevera y lo volvemos a meter para enfriar y cuajar durante unas horas (vamos mirando la evolución).

En un bol para microondas deshacemos el chocolate. Y una vez sacado el pastel de la nevera nos ayudaremos de un pincel grande para cubrir la base de arriba con el chocolate y lo decoraremos con el coco rallado y unos fresones al gusto. Volveremos a meter el pastel en la nevera unas 2 horas.